A VIDA NO TEMPO do índio

OS PRIMEIROS HABITANTES DO BRASIL

A VIDA NO TEMPO do índio

OS PRIMEIROS HABITANTES DO BRASIL

Norberto Luiz Guarinello

15ª edição

Coordenação:

Marly Rodrigues

Maria Helena Simões Paes

Ilustrações: Cecília Iwashita
Mapas: Sônia Vaz

Atual Editora

Biografia

Norberto Luiz Guarinello nasceu em São Paulo, em 1959. O autor possui doutorado em Antropologia Social (Arqueologia Clássica) pela USP (Universidade de São Paulo — 1993) e dois estágios de pós-doutoramento: na Brown University (EUA — 1998) e em Oxford University (2003). Graduou-se em História pela USP em 1981 e concluiu seu mestrado em Antropologia Social, pela mesma instituição, em 1986. Atualmente é professor da USP, líder do Grupo de Pesquisa Leir (Laboratório de Estudos sobre o Império Romano) no CNPq e coordenador nacional do laboratório. Tem experiência nas áreas de história antiga, arqueologia histórica e teoria da história, atuando principalmente com os temas: história romana, cultura e sociedade no mundo antigo, Mediterrâneo clássico, teoria da história e cultura clássica.

A meus pais.

SUMÁRIO

Apêndice

1.

O BRASIL ANTES DOS BRASILEIROS

"Os primeiros colonizadores do Brasil aqui chegaram há muitos milênios."

O Brasil é uma criação recente. Antes da chegada dos europeus, há menos de quinhentos anos, essas terras imensas que formam nosso país tiveram sua própria história, construída ao longo de muitos séculos, de muitos milhares de anos. Uma história que a Arqueologia começou a desvendar apenas nos últimos anos.

A imagem que normalmente fazemos dos primeiros habitantes de nosso país é ainda muito falsa. Imaginamos o Brasil ocupado por povos primitivos, selvagens, que permaneceram atrasados, pobres e ignorantes, enquanto o resto do mundo se desenvolveu. Muitos historiadores pensam realmente assim: os índios teriam usado sempre as mesmas armas, caçado os mesmos animais, vivido nas mesmas pequenas aldeias, com poucas dezenas de pessoas, até a chegada dos invasores europeus e da "civilização".

Os arqueólogos têm demonstrado, no entanto, que essa imagem não corresponde à verdade. Os primeiros colonizadores do Brasil, que desbravaram terras que nenhum homem havia ainda tocado, aqui chegaram há muitos milênios. Traziam uma tecnologia simples, é verdade, mas adaptaram-se muito bem a um ambiente hostil, multiplicaram-se, espalharam-se por vários tipos de terras e, pouco a pouco, desenvolveram culturas diferentes, ricas, variadas. E sua longa história, que ainda conhecemos mal, parece ter sido tão agitada e cheia de transformações como a história dos demais povos do planeta.

Os índios e sua história

Para escrever a história dos índios brasileiros antes da chegada dos portugueses, defrontamo-nos com muitas dificuldades. Os historiadores, para estudarem e explicarem o passado das sociedades humanas, empregam normalmente documentos escritos, que são encontrados em inúmeros lugares: em bibliotecas, em arquivos, em coleções particulares. Fazendo perguntas a esses documentos, os historiadores podem contar histórias sobre o passado, revelar como viviam nossos antepassados, o que pensavam, o que achavam da vida e da morte. Nossos índios, no entanto, desconheciam a escrita e não deixaram documentos que possamos ler. Sua história tem que ser pesquisada de outro modo, tem que ser reconstruída por arqueólogos.

Os arqueólogos têm os mesmos objetivos que os historiadores, só que seus documentos, o meio de conhecerem o passado, são bastante diferentes. Não utilizam textos escritos, mas os objetos produzidos pelos homens, os vestígios de suas casas, os restos de sua alimentação, seus instrumentos de trabalho, suas armas, seus enfeites e pinturas. São esses objetos, que os arqueólogos chamam de cultura material, o único meio de sabermos alguma coisa da vida daqueles povos que não conheciam a escrita.

Os objetos, na verdade, falam muitas coisas sobre esses povos, só que falam de um modo particular, que não é o mesmo dos documentos escritos. A tarefa principal do arqueólogo é fazer esses objetos falarem, fazê-los dizer de si mesmos e dos homens que os fabricaram. Mas não é uma tarefa fácil. Muitas coisas escapam: não sabemos ao certo, e nunca saberemos, que línguas falavam os primeiros habitantes do Brasil; ignoramos como organizavam suas famílias, como estruturavam o governo, em que deuses acreditavam, como encaravam a vida e a natureza.

Há coisas que não podemos saber. Outras, no entanto, nos são mais acessíveis. É possível, por exemplo, acompanhar o lento desenvolvimento da tecnologia, os modos de adaptação à natureza, o aproveitamento dos recursos naturais, a evolução das representações artísticas, a dispersão dos grupos, os contatos entre culturas diferentes e muitas outras coisas. Mas isso depende de um trabalho arqueológico cuidadoso, feito com precisão, utilizando técnicas modernas e especializadas.

Abrigo sob rocha de Santa Elina, Mato Grosso. Sob a superfície atual, os arqueólogos encontraram os solos ocupados pelos homens pré-históricos.

O trabalho do arqueólogo

O trabalho do arqueólogo divide-se em diferentes etapas. Antes de qualquer coisa, deve identificar um local onde existam vestígios dos homens do passado — o que chamamos de um sítio arqueológico. Um sítio arqueológico é, sempre, um lugar bem delimitado onde se realizaram atividades humanas.

Pode ter sido um lugar onde moravam pessoas, como uma cabana de palha e madeira, uma caverna ou um monte artificial. Mas pode ter sido também um cemitério ou um depósito de lixo, ou um lugar ocupado por pouco tempo, para realizar uma caçada, por exemplo, ou para se pintar uma parede. Um mesmo sítio, além disso, pode ter sido ocupado várias vezes, por povos diferentes e com culturas distintas.

Quando encontra um sítio arqueológico, o arqueólogo trata de investigá-lo com o maior cuidado possível. Os restos mais antigos costumam estar enterrados debaixo de várias camadas de terra, areia ou pedras, e o arqueólogo tem que escavá-las de um modo especial.

A ilustração da página anterior mostra um sítio arqueológico sendo escavado. Trata-se de um pequeno abrigo pré-histórico, descoberto em uma caverna do Mato Grosso chamada Santa Elina. Para descobrir que povos ocuparam essa caverna e em que épocas, o arqueólogo escava cuidadosamente cada camada do terreno, até chegar ao próprio solo que os habitantes antigos pisavam.

É frequente, como em Santa Elina, diferentes povos ocuparem um mesmo lugar, em épocas distintas. O arqueólogo tem que, pelas técnicas de escavação, reconhecer e distinguir cada um desses povos.

Cada objeto encontrado é registrado na posição exata em que estava, para que, depois, se reconstruam as atividades que ali se realizavam. O resultado da escavação não são apenas os objetos encontrados, mas também os desenhos, chamados de relevos planimétricos, que mostram a distribuição desses objetos sobre cada chão que os arqueólogos escavaram. A interpretação desses desenhos nem sempre é fácil e exige certo treino.

Três povos distintos parecem ter ocupado essa caverna — o mais antigo, talvez 6 mil anos atrás. Cada um deles deixou vestígios de si num chão específico. A imagem seguinte mostra o desenho, feito pelos arqueólogos, do solo sobre o qual viviam certos habitantes da caverna, há uns 2 500 anos. Nesse desenho aparecem, vistos de cima, os restos deixados pelos homens que aí habitavam, nessa época.

No centro da habitação descobriram-se muitas pedras amontoadas e traços de carvão e cinzas, junto a fragmentos de ossos de animais, que indicam a existência de antigas fogueiras. Encontraram-se, também, os buracos deixados por antigas estacas de madeira, sugerindo que na caverna se erguia uma pequena cabana. São informações importantes, se depois se quiser descobrir para que serviam os objetos que foram encontrados.

O estudo dos objetos

Interpretar a função dos objetos, descobrir para que serviam, nem sempre é fácil, sobretudo quando se trata, como na pré-história brasileira, de povos que viveram há bastante tempo e que possuíam culturas muito distintas da nossa. Observe a figura da página seguinte. São instrumentos feitos de pedra, típicos da pré-história brasileira, descobertos em Minas Gerais e muito antigos. Tente descobrir para que serviam, antes de continuar a leitura.

Abrigo sob rocha de Santa Elina. A ilustração mostra o chão pisado por seus ocupantes há 2 500 anos. Os restos de carvão e de ossos indicam a presença de antigas fogueiras

Alguns instrumentos de pedra da pré-história brasileira.

É difícil? Para ser franco, nem mesmo os arqueólogos sabem sempre, com exatidão, o uso de cada um deles. Estudam a forma, fazem experimentações, comparam com objetos de outras culturas, mas nem sempre têm certeza.

Nas pequenas pedras de números (1) e (2), por exemplo, podemos reconhecer pontas de flecha, feitas de pedra, de um tipo muito comum no Planalto Central brasileiro. Os objetos (3), (4) e (5) são todos pequenos e possuem um lado cortante — os arqueólogos interpretam-nos como instrumentos para raspar coisas como couro, madeira ou tinta. O objeto (6) possui uma ponta aguçada e deve ter servido para fazer pequenos furos. Já os objetos (7) e (8), grandes e pesados, parecem machados, usados, talvez, na guerra, nas caçadas ou para derrubar árvores. Muitas vezes não temos certeza da função dos objetos e podemos apenas imaginá-la.

Estudar uma cultura a partir de seus objetos não é, portanto, uma tarefa simples. Mas há outras dificuldades Em primeiro lugar, os antigos habitantes do Brasil possuíam uma tecnologia simples, embora eficiente. Muitos deles eram nômades, deslocando-se continuamente durante o ano. Por isso, possuíam poucos objetos e deixaram poucos vestígios de si nos sítios que ocuparam. Mas não é só isso. Muitos dos objetos que utilizaram simplesmente desapareceram, sem deixar qualquer traço.

A madeira, as fibras vegetais, o tecido, o couro e o osso deviam ser os principais materiais para a confecção dos objetos de uso desses primitivos habitantes. Mas essas matérias raramente sobrevivem ao tempo, vão se decompondo pela ação da umidade, da acidez, dos micro-organismos do solo.

Por isso, o que predomina nas escavações arqueológicas, como veremos mais adiante, são os objetos feitos em materiais mais resistentes, como a pedra e a cerâmica. Como consequência fazemos uma ideia pálida e empobrecida de culturas que devem ter sido muito mais ricas do que jamais saberemos.

Como os arqueólogos datam os sítios?

Uma outra preocupação, muito importante para os arqueólogos, é descobrir a época exata em que viveram tais povos. Para isso, utilizam-se de duas técnicas fundamentais. A primeira delas se chama estratigrafia e se baseia na noção de que, num mesmo sítio, os restos humanos tendem a se acumular verticalmente. Isso significa que os restos mais antigos estão sempre embaixo daqueles mais recentes.

O desenho abaixo nos mostra como essas camadas se acumulam num sítio arqueológico e ilustra, de modo simplificado, como funciona a estratigrafia. A camada V é a mais antiga. Ela contém os restos dos primeiros habitantes do sítio. A camada IV não contém objetos. Ela foi formada por uma enchente do rio, que cobriu os vestígios deixados pelos antigos povoadores. Séculos depois, o sítio foi novamente ocupado por um povo que utilizava pontas de flecha (III).

Um dia, esse povo também partiu, e seus restos foram cobertos pela terra trazida pelo vento (II). Depois vieram índios agricultores, que plantavam mandioca e milho e faziam belos vasos de cerâmica. Também eles partiram, mas muitos de seus objetos ficaram ali, depositados na camada I, poucos centímetros abaixo dos pés do camponês, que não sabe que está pisando sobre um verdadeiro "livro" de História.

Escavando cuidadosamente cada camada, o arqueólogo pode ler esse "livro" e estabelecer uma cronologia relativa, ou seja, descobrir que povos chegaram primeiro ao sítio e em que ordem se sucederam. Se feita corretamente, a escavação permite separar os mais antigos dos mais recentes, mas não dá, ainda, uma datação precisa.

Há quanto tempo? Há quantos anos, séculos ou milênios viveram os primeiros povos no território que é hoje o Brasil? São questões de grande importância que só agora começam a ser respondidas. Para isso, os arqueólogos utilizam-se de métodos especiais, desenvolvidos pelas ciências físicas nos últimos quarenta anos.

O principal método de datação é denominado *carbono 14* e se baseia numa interessante descoberta. Todos os seres vivos, todas as plantas e animais possuem em seus corpos uma quantidade, embora pequena, de carbono radioativo, que absorvem ao respirar e se alimentar. Quando os seres morrem, no entanto, a radiação vai, naturalmente, diminuindo, e é possível medir essa diminuição.

Um pedaço de osso ou de madeira encontrado numa escavação pode ser enviado a um laboratório para medir a quantidade de carbono radioativo. O resultado do exame será o conhecimento de quando a árvore ou o animal viveram e, assim, de quando viveu o povo que se utilizou deles.

O método do carbono 14 tem seus problemas e imprecisões, mas sua utilização possibilitou uma verdadeira revolução na arqueologia brasileira.

Representação esquemática de um sítio arqueológico. Observe as camadas sucessivas sob a superfície atual.

2.

OS PRIMEIROS COLONIZADORES

> “Os primeiros povoadores devem ter encontrado um Brasil muito diferente.”

Todos os homens que existem hoje sobre a terra, independentemente de sua raça, de sua cor ou de sua aparência física, fazem parte de uma mesma espécie, que os cientistas denominam *Homo sapiens sapiens*, o homem duas vezes sabido.

Nossa espécie é, na verdade, o resultado final de uma longa evolução, que parece ter se iniciado na África, há milhões de anos, quando começamos a nos diferenciar de nossos primos afastados, os macacos superiores. Acredita-se, hoje, que os momentos finais dessa evolução ocorreram na Europa ou no norte da África, há uns 70 mil anos.

Era uma época muito fria, quando boa parte do nosso planeta estava ocupada por grandes massas de gelo, como é a Antártida ainda hoje. Esses primeiros homens já sabiam elaborar diferentes instrumentos de pedra e sobreviviam caçando grandes animais, como os mamutes ou o terrível tigre-dentes-de-sabre.

Aos poucos, esses nossos ancestrais foram se espalhando pelo globo terrestre e ocupando todas as regiões possíveis, adaptando-se aos mais variados ambientes naturais: florestas, desertos, planícies, montanhas e praias. Nesse processo de contínua expansão, que demorou milhares e milhares de anos, nossos ancestrais chegaram um dia, finalmente, à América. Mas quando? Por qual caminho vieram? Como atravessaram o mar? Quem eram e como viviam esses primeiros colonizadores do continente americano?

Ainda não temos todas as respostas a essas perguntas. É provável, no entanto, que os primeiros homens a chegar à América tenham vindo do norte da Ásia e, atravessando o Estreito de Bering, chegado ao Alasca, que é o ponto mais próximo entre os dois continentes. Nos últimos milênios, algumas vezes o nível das águas do mar baixou enormemente em todo o planeta. Uma ponte de terra e gelo deve, então, ter unido Ásia e América pelo norte e fornecido um caminho para os primeiros povoadores. Há uns 12 mil ou 10 mil anos, finalmente, a temperatura na Terra começou a subir, o nível dos mares voltou a crescer e a América se separou definitivamente do resto do mundo habitado. Muitos arqueólogos acreditam que esses povoadores teriam aproveitado os últimos momentos de existência dessa ponte e chegado à América há não mais de 12 mil anos.

Hoje em dia, os arqueólogos tendem a recuar cada vez mais a data de chegada do homem às Américas. Alguns deles admitem ser possível que pequenos grupos humanos, enfrentando condições de extremo frio, tenham alcançado o continente americano há uns 40 mil anos.

Os primeiros habitantes e seus vestígios

Esses primeiros colonizadores, no entanto, não deviam ser muito numerosos e deixaram poucos traços de sua presença. O mapa mostra a distribuição dos sítios mais antigos descobertos no território do Brasil atual e datados pelo método do carbono 14, através do carvão encontrado nas antigas fogueiras.

Quase todos os sítios se localizam em regiões de planalto, e a ocupação da grande planície amazônica parece ter sido evitada. Os restos mais antigos foram encontrados no Piauí, numa região rochosa cheia de cavernas, em São Raimundo Nonato. Numa caverna chamada "Toca da Pedra Furada" alguns pedaços de carvão parecem datar de mais de 40 mil anos! Seria o sítio arqueológico mais antigo de todas as Américas.

Muitos arqueólogos, contudo, não concordam com datas tão antigas e ainda existe muita discussão a respeito. Não basta encontrar carvões de 20 mil ou 40 mil anos. É preciso provar que o homem se utilizou do material que deu origem a esses carvões, e isso é muito difícil.

Em todo caso, os primeiros povoadores devem ter encontrado um Brasil muito diferente daquele que hoje conhecemos. O mapa da página seguinte mostra a distribuição da vegetação no Brasil há cerca de 13 mil anos: o clima era mais seco e mais frio, as florestas eram pequenas, o mar estava distante das praias atuais e boa parte do Brasil era formada por campos de vegetação baixa (cerrados e caatingas).

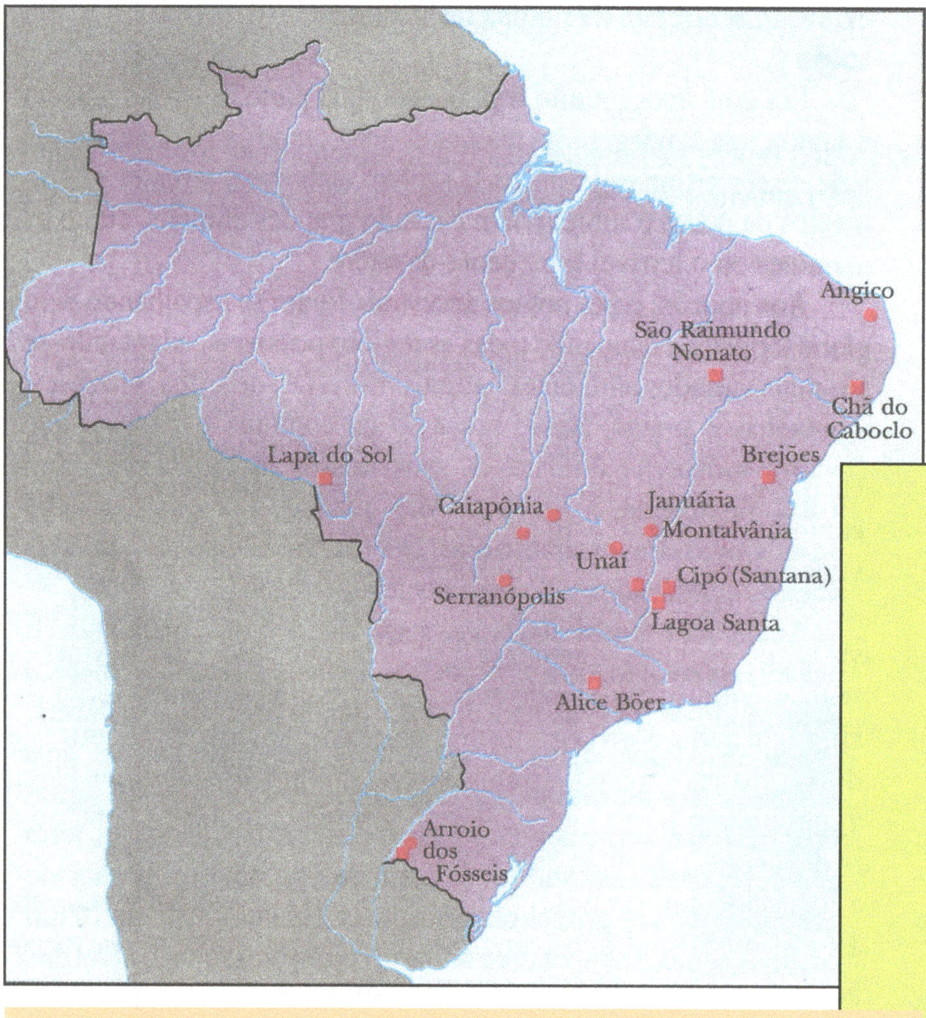

Mapa mostrando os sítios arqueológicos mais antigos do Brasil.

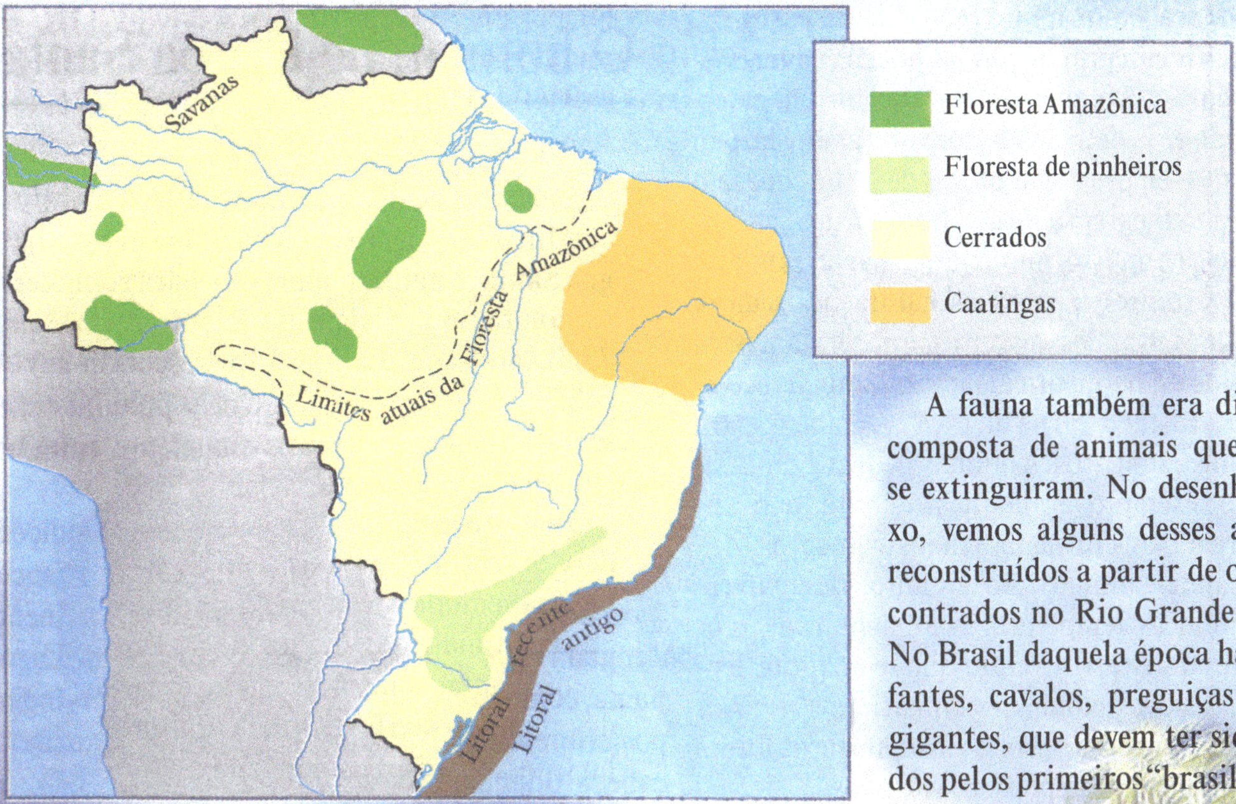

Há 13 mil anos as florestas eram menores e o litoral ficava mais longe.

A fauna também era diferente, composta de animais que depois se extinguiram. No desenho abaixo, vemos alguns desses animais, reconstruídos a partir de ossos encontrados no Rio Grande do Sul. No Brasil daquela época havia elefantes, cavalos, preguiças e tatus gigantes, que devem ter sido caçados pelos primeiros "brasileiros".

Animais extintos cujos ossos foram encontrados no Rio Grande do Sul. Provavelmente, os habitantes mais antigos do Brasil caçavam esses animais.

Na verdade, sabemos muito pouco sobre esses desbravadores. Viviam preferencialmente em cavernas, que talvez já decorassem com pinturas, e faziam instrumentos empregando blocos de pedra, que iam lascando até tomarem a forma de machados.

O fogo era muito importante para esses primeiros habitantes, e em suas habitações sempre encontramos grandes fogueiras, que serviam para protegê-los do frio, para afastar os animais selvagens, para tostar a carne da caça e, também, para fabricar instrumentos. Algumas pedras grandes e duras, por exemplo, eram quebradas no fogo, antes de serem transformadas em instrumentos.

Os grandes animais, no entanto, desapareceram quando as temperaturas aumentaram, e os habitantes do Brasil tiveram que se adaptar, lentamente, a novas condições climáticas e a novos alimentos. Pouco a pouco, os instrumentos foram se tornando mais complexos e variados.

A figura abaixo mostra alguns dos objetos antigos encontrados na região de Lagoa Santa, em Minas Gerais. Há grandes machados, como (1) e (2), pontas feitas de ossos de pequenos animais, como (3), (4), (5) e (6), conchas de caramujo perfuradas (7) e até um anzol de osso (8). Além de caçar pequenos animais, o homem que habitava as cavernas de Lagoa Santa sabia pescar, coletava frutos silvestres e alimentava-se de grandes caramujos fluviais.

O homem de Lagoa Santa

Pela grande quantidade de cavernas, o Estado de Minas Gerais, e em particular a região de Lagoa Santa, é muito importante para conhecermos os homens que viviam no Brasil entre 11 mil e 7 mil anos atrás. Para sorte dos arqueólogos, descobriu-se nessas cavernas um grande número de sepulturas muito antigas com mais de duzentos esqueletos, entre homens, mulheres e crianças.

Por esses esqueletos, sabemos que as condições de vida não eram fáceis. Um terço das crianças morriam ainda pequenas e os adultos raramente atingiam mais de 30 anos de idade. A "raça" de Lagoa Santa, como é chamada, era bem diferente dos índios posteriores: tinha estatura baixa, corpo franzino e cabeça alongada.

Instrumento de pedra e de osso da região de Lagoa Santa, Minas Gerais. As cavernas dessa região formam uma das mais importantes jazidas arqueológicas do Brasil.

3.

CAÇADORES E COLETORES

> “Tinham que sobreviver com a caça de pequenos animais e com a coleta de tudo que fosse comestível.”

A partir de uns 6 mil anos atrás, as condições climáticas do Brasil tornaram-se semelhantes às de hoje: campos extensos no sul, bordeados pela floresta subtropical e pela costa litorânea, cerrados no Brasil central e as grandes matas da floresta tropical amazônica.

Num processo que durou vários milênios, e que envolveu o trabalho e a criatividade acumulados de muitas gerações, as culturas pré-históricas adaptaram-se, progressivamente, a essas novas condições.

Não praticavam ainda a agricultura e tinham que sobreviver com a caça de pequenos animais e com a coleta de tudo o que fosse comestível. Aos poucos, aprenderam a explorar os recursos dos territórios que ocuparam, desenvolvendo culturas específicas, diferentes para cada região.

Não conhecemos muito bem esses seres pré-históricos, é verdade. Não sabemos que línguas falavam, nem se eles se consideravam parte de um mesmo povo, de uma mesma raça. Sabemos pouco sobre seus costumes, mas os instrumentos de pedra e de osso, os restos de alimentos e de habitações mostram-nos alguns aspectos de sua vida.

O povo da flecha

Alguns povos se adaptaram, particularmente, aos campos que bordeiam as florestas do sul do Brasil. Eram exímios fabricantes de instrumentos de pedra. Retiravam lascas de blocos maiores e, com essas lascas, faziam um grande número de pequenos objetos, cuidadosamente retocados. Sabemos pouco do seu modo de vida, que deve ter variado bastante no decorrer do tempo. Não sabemos se eram um só povo, se todos tinham a mesma cultura, mas damos a eles um nome comum: são os homens de Umbu. Alguns habitavam em cavernas, outros preferiam espaços a céu aberto, mas não conhecemos a forma de suas casas.

A figura seguinte mostra alguns dos instrumentos que faziam em pedra. O número (1) é uma grande ponta de lança. Em seguida, vemos quatro formas diferentes de pontas de flecha (2 a 5). Os números (6) e (7) são raspadores em forma de plaina. O objeto (8) é uma espécie de furadeira, com uma ponta cuidadosamente trabalhada. Já (9) tem a forma de uma faca com corte afiado. Os números (10) a (12) mostram alguns instrumentos em osso, encontrados no Rio Grande do Sul: (10) é, talvez, uma agulha; os objetos (11), com pequenos furinhos, devem ser contas de um colar; (12), por fim, é um anzol.

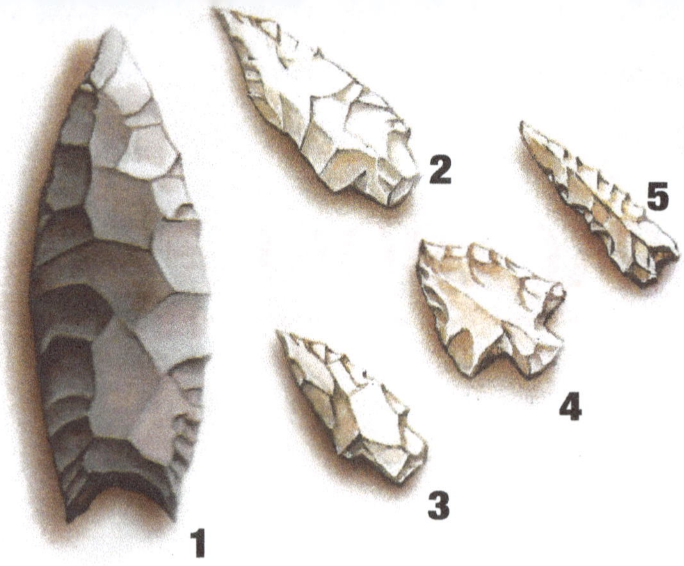

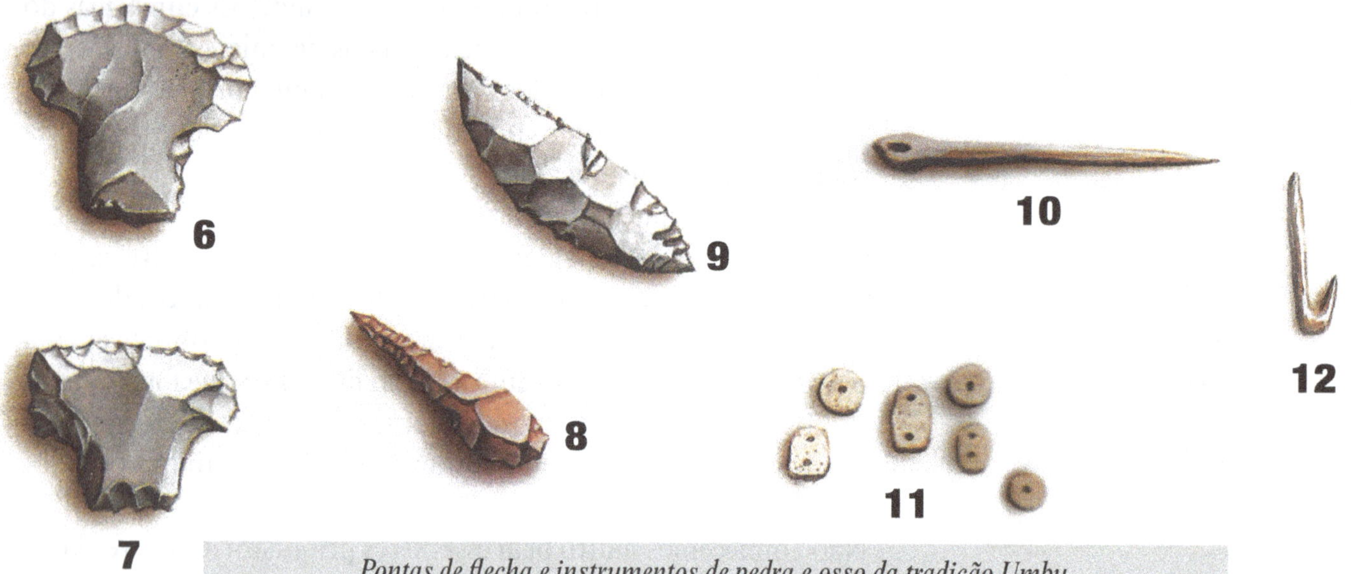

Pontas de flecha e instrumentos de pedra e osso da tradição Umbu, descobertos no Rio Grande do Sul.

Esse povo de caçadores foi responsável pela difusão no Brasil de duas grandes inovações tecnológicas: o uso de boleadeiras e o uso do arco e flecha, que permitiam caçar animais velozes, como os pássaros ou os veados. Boleadeiras eram armas de caça, formadas por duas ou três bolas de pedra amarradas numa tira de couro. Atiradas com habilidade, prendiam-se às pernas dos animais e imobilizavam-nos. Elas são utilizadas, até hoje, nos pampas gaúchos.

Na figura ao lado, vemos algumas pedras preparadas para boleadeira. Elas foram descobertas no Rio Grande do Sul. Todas possuem um sulco central, por onde se prendia a corda. Algumas tinham formas curiosas, com pontas aguçadas, e deviam servir mais para ferir do que para prender a caça.

Pedras de boleadeira. Com elas, o homem pré-histórico imobilizava sua caça.

O instrumento, por excelência, destes povos do campo era, no entanto, o arco e flecha. Para dar mais força e poder de penetração a suas flechas, fabricavam pontas de pedra com formas diferentes, cada uma para um tipo de caça.

O desenho a seguir mostra uma série dessas pontas, descobertas no vale do rio Ribeira de Iguape, no Estado de São Paulo. Podemos observar uma grande variedade nas formas, provavelmente destinadas a animais específicos: pontas alongadas, triangulares, grandes e pequenas, com as bordas em forma de serra, para se fixarem no corpo da caça.

Denise Del Pino

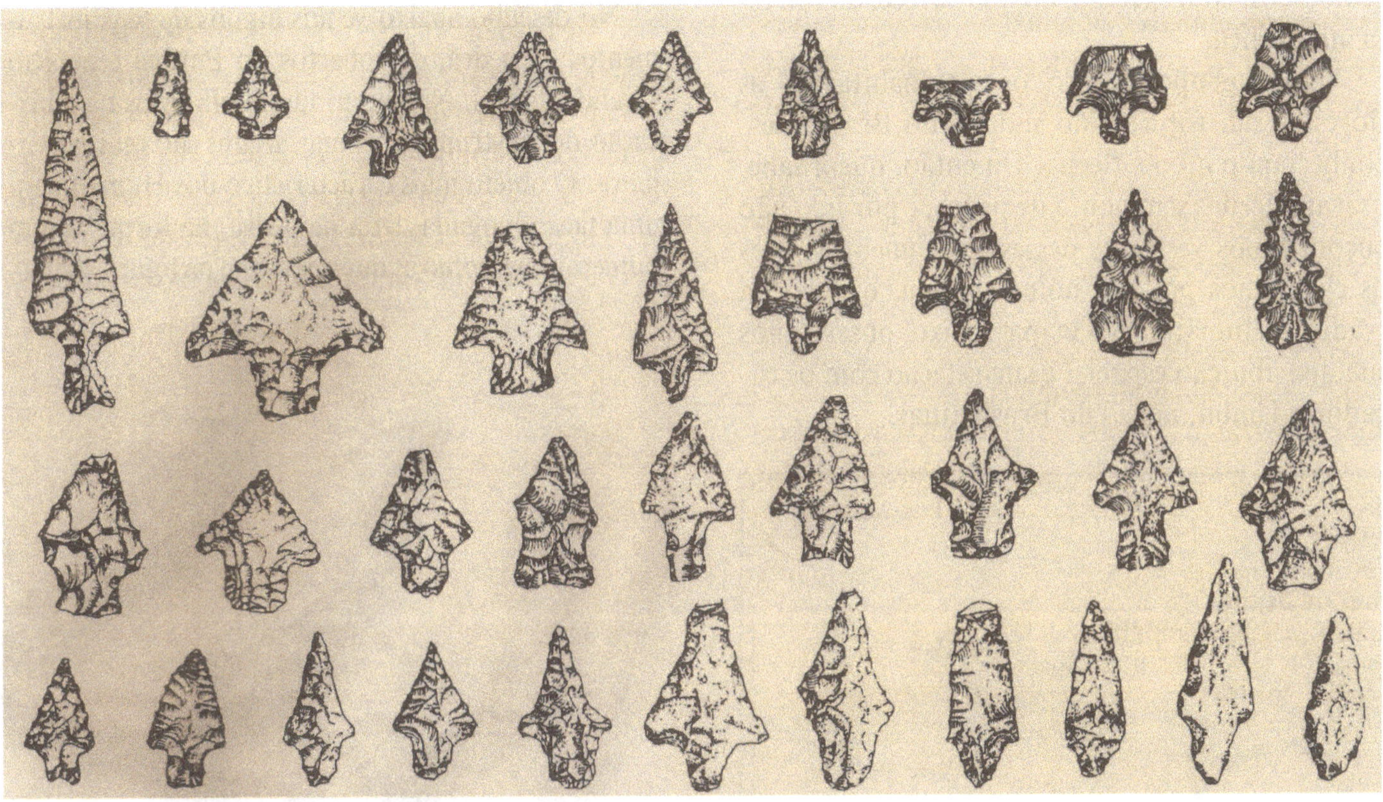

Pontas de flecha da tradição Umbu, encontradas no vale do rio Ribeira de Iguape, São Paulo.

Outros caçadores e coletores

As populações da tradição Umbu viveram, sobretudo, no sul do país. Outros grupos de caçadores de pequenos animais e de coletores de frutos silvestres instalaram-se nos diferentes ambientes ecológicos, com exceção, ao que parece, da floresta amazônica.

Alguns grupos, como os que habitavam as florestas subtropicais do sudeste do Brasil, desconheciam o arco e flecha. Ou então, quem sabe, usavam flechas sem ponta de pedra, e por isso não encontramos vestígios desses instrumentos. Nós os chamamos por um nome comum, o povo da tradição Humaitá. No mapa abaixo, observamos sua distribuição espacial e sua relação com os caçadores Umbu, no sul do Brasil atual.

Distribuição dos caçadores pré-históricos do sul do Brasil.

É possível que os caçadores e coletores Humaitá fossem também muito diferentes entre si. Alguns elementos, no entanto, parecem constantes. Gostavam de morar na floresta, ocupando as matas que bordeavam os grandes rios. Não viviam apenas da caça, mas coletavam moluscos (animais com conchas) fluviais e frutos silvestres, sobretudo o pinhão, abundante nas florestas de pinheiros.

No desenho abaixo vemos alguns de seus instrumentos de pedra, descobertos no Paraná e no Rio Grande do Sul. Não eram tão habilidosos na fabricação dos instrumentos, mas alguns são muito benfeitos. O objeto mais característico dos Humaitá era uma faca alongada, feita de pedra, na forma de um bumerangue, como as que aparecem na figura abaixo.

Instrumentos de pedra da tradição Humaitá.

Outros povos de caçadores e coletores ocuparam as terras do Brasil central. Viviam, sobretudo, em cavernas ou em abrigos sob rochas. Sabemos pouco sobre eles. Durante milênios, seu modo de vida dominou as terras do Brasil, até a introdução da agricultura. Sua história, nesse longo período, deve ter sido agitada — povos e tribos devem ter migrado, novas línguas e novos conhecimentos devem ter sido introduzidos, mas quase tudo isso nos escapa.

Uma das realizações mais notáveis desses caçadores do centro e do nordeste brasileiros foi, provavelmente, o desenvolvimento da pintura. Por um motivo que desconhecemos, talvez por crenças mágicas, muitos desses caçadores cobriram as paredes de suas cavernas com desenhos curiosos, as chamadas "pinturas rupestres".

Na verdade, em quase todos os lugares do Brasil onde existem cavernas podemos encontrar essas pinturas. A figura seguinte mostra um desses desenhos, encontrado numa gruta do Piauí. É, claramente, a representação da caçada a um grande animal, com a participação de inúmeros caçadores, munidos de arco e flecha e de grandes machados.

Vejamos outros exemplos, também do nordeste do Brasil. Uma cena muito comum é a que aparece em (1), na qual podemos reconhecer duas árvores muito altas, que são escaladas por um grupo de homens. Em (2), aparece uma cena de caça ao veado, (3) representa, talvez, uma onça, e em (4) podemos identificar duas emas.

Pinturas rupestres no Nordeste com representações de animais e árvores.

1

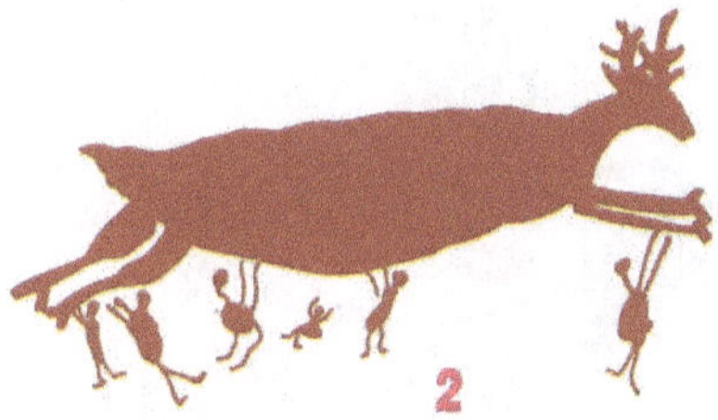

2

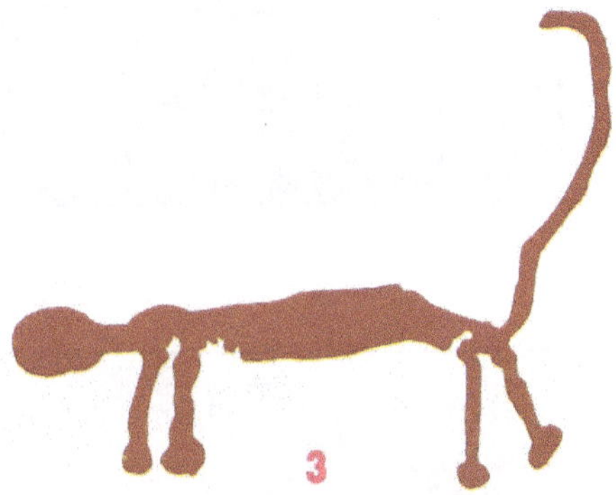

3

4

Pintura rupestre mostrando uma cena de caçada a um grande animal, encontrada na Toca do Baixão, Piauí.

Muitos povos da pré-história brasileira dedicaram-se à pintura, e as cavernas do Brasil central estão repletas de sua arte. As ilustrações a seguir mostram os desenhos realizados por povos de épocas posteriores, que já sabiam cultivar plantas que lhes forneciam alimento. Estudaremos esses povos mais adiante.

Todos os caçadores e coletores que descrevemos devem ter formado grupos pequenos, de umas poucas famílias. Viviam em constante mudança, explorando em cada época do ano os recursos de uma região e levantando acampamento quando a caça ou os frutos silvestres se esgotavam.

Por isso, usavam poucos objetos e deixaram poucos traços de suas residências. Uma exceção a essa regra foram os povos pré-históricos que ocuparam o litoral brasileiro. Veremos por que no capítulo seguinte.

Pinturas rupestres de Minas Gerais com representações de animais e raízes de mandioca.

4.

O POVO DAS CONCHAS

"O alimento era tão abundante que esses povos não precisavam mudar constantemente de local."

Há cerca de 6 mil anos, o mar começou a subir, até atingir o nível em que está hoje. Desde essa época, o litoral do Brasil atual, entre o Espírito Santo e o Rio Grande do Sul, começou a ser ocupado por povos que viviam dos recursos que o mar oferecia.

Embora também caçassem pequenos animais e coletassem alimentos vegetais, como coquinhos, a dieta principal desses habitantes era constituída por peixes e, sobretudo, por vários tipos de moluscos. A figura mostra as conchas de alguns deles: há ostras (2), mexilhões (3), berbigões (7) e outros, que ainda são comuns em nossas praias. Todos foram coletados e comidos pelos povos do litoral.

Conchas de moluscos encontradas em sambaquis do litoral brasileiro. Esses moluscos eram a base da alimentação do povo dos sambaquis.

O alimento era tão abundante que esses povos não precisavam, como aqueles do interior, mudar constantemente de local. Escolhiam um lugar mais elevado, perto da praia, em especial se havia água doce por perto, e aí se estabeleciam por muitos anos, às vezes por séculos ou mesmo milênios!

Para o lugar fixado levavam as conchas que recolhiam à beira-mar, abriam-nas no fogo e comiam os moluscos. As conchas vazias eram deixadas no chão e iam se acumulando. Com o passar dos anos, foram se formando verdadeiras montanhas de conchas, sobre as quais as pessoas construíam suas cabanas e dentro das quais enterravam seus mortos.

Chamamos essas montanhas de *sambaquis*. Algumas eram imensas, como o sambaqui de Garopaba, em Santa Catarina, que tinha mais de 30 metros de altura e media 400 metros de comprimento por 100 metros de largura. Na foto abaixo vemos a encosta de um sambaqui, localizado em Santa Catarina. Esse grande morro, formado por conchas acumuladas em camadas distintas, foi totalmente destruído nas últimas décadas.

Pedro Ignacio Schmitz

Sambaqui de Carniça, em Laguna-SC, visto de perfil. Observe como as conchas se acumulam, formando camadas sucessivas. (Foto de 1958.)

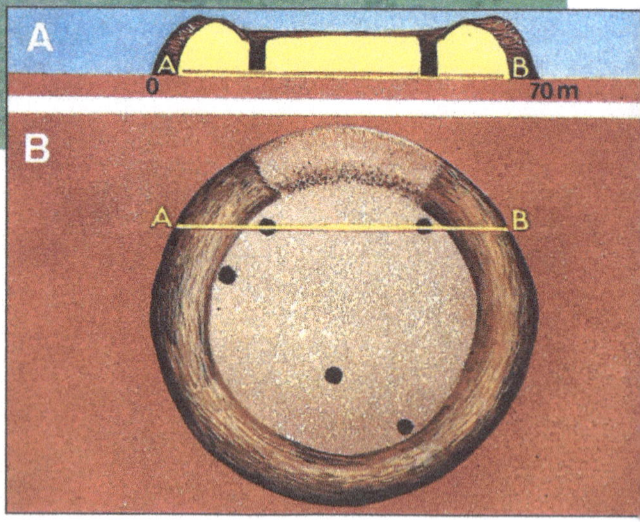

A imagem ao lado mostra um grande sambaqui, descoberto em Joinville, no Estado de Santa Catarina. O desenho (A) representa o sambaqui visto de perfil, e o (B), o mesmo sambaqui visto de cima. Possuía uma forma curiosa, semelhante a um anel, com o centro rebaixado e as bordas elevadas.

Sambaqui de Conquista, Santa Catarina, com formato circular. As bordas levantadas provavelmente serviam para defender a população que habitava o centro do sambaqui.

Podemos imaginar quantos anos foram necessários para a formação dessas montanhas. Como esses sambaquis foram ocupados por muitos séculos, é possível que tenham sido abandonados e reocupados diversas vezes, talvez mesmo por povos com línguas e culturas distintas.

Havia centenas desses sambaquis no litoral sul do Brasil, mas a maior parte foi destruída pelas indústrias de cimento e muitos são ainda usados para produzir cal! No mapa ao lado vemos a localização de alguns dos principais sambaquis ainda existentes entre São Paulo e o Rio Grande do Sul.

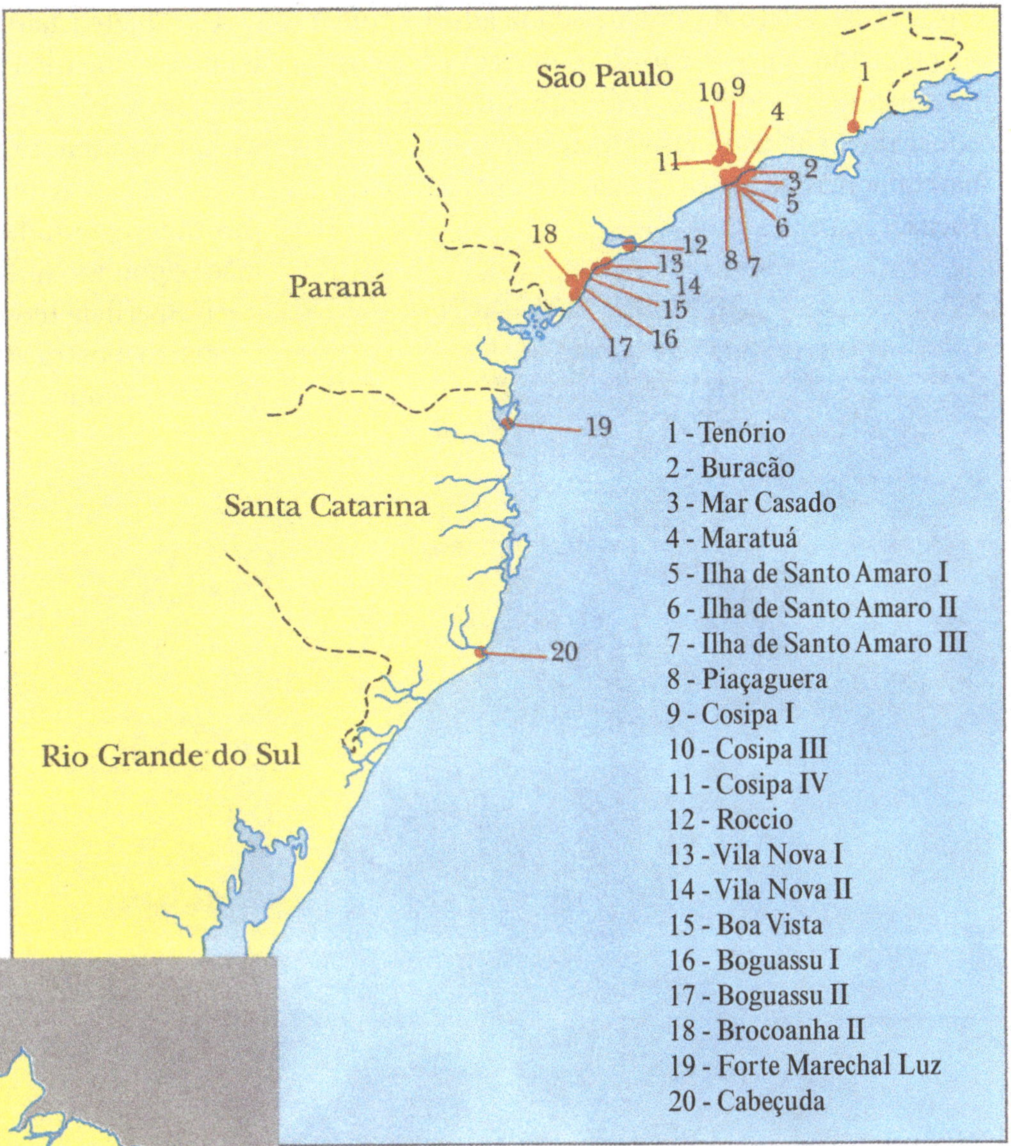

Distribuição dos principais sambaquis entre São Paulo e o Rio Grande do Sul.

Esses povos do litoral devem ter se expandido lentamente, em direção ao sul. Estavam separados dos povos do interior pela serra do Mar e desenvolveram, pouco a pouco, uma cultura própria e original.

Os instrumentos do povo dos sambaquis

Conhecemos várias sepulturas e esqueletos desses povos. Eram, em geral, de estatura baixa, mas bastante fortes e com uma cabeça volumosa. Enterravam seus mortos na própria montanha de conchas, pintando-os de vermelho e deixando, ao seu lado, alguns presentes para utilizarem no outro mundo.

A imagem a seguir mostra uma dessas sepulturas encontrada no sambaqui do Morro do Ouro.

Vemos o esqueleto de uma pessoa já adulta, que foi colocado em posição deitada, com braços e pernas dobrados. Ao lado do corpo, foram enterrados vários objetos: esculturas (a, b, c), instrumentos de pedra (d), além de peixes e moluscos.

Sepultura encontrada no sambaqui do Morro do Ouro. Ao lado do morto eram colocados presentes como esculturas, instrumentos de pedra e alimentos.

Os habitantes dos sambaquis pescavam muito, principalmente bagres e tubarões, mas aparecem também muitos ossos de baleias e golfinhos. Caçavam também macacos, antas, gambás, tartarugas e diversos outros animais. Com o passar do tempo, os moluscos parecem ter se tornado mais raros. Nos sambaquis mais recentes, como os de mil a mil e quinhentos anos atrás, a caça e os alimentos vegetais se tornaram cada vez mais importantes.

Os objetos fabricados pelos povos dos sambaquis eram diferentes daqueles dos povos do interior. Os instrumentos de pedra lascada, por exemplo, eram raros e os poucos encontrados vieram do interior. Preferiam trabalhar a pedra picotando (tirando pequenas lascas com um formão) e polindo (esfregando as pedras até obterem uma superfície lisa e uma forma regular). A figura abaixo mostra alguns desses objetos, cujas funções nem sempre sabemos determinar.

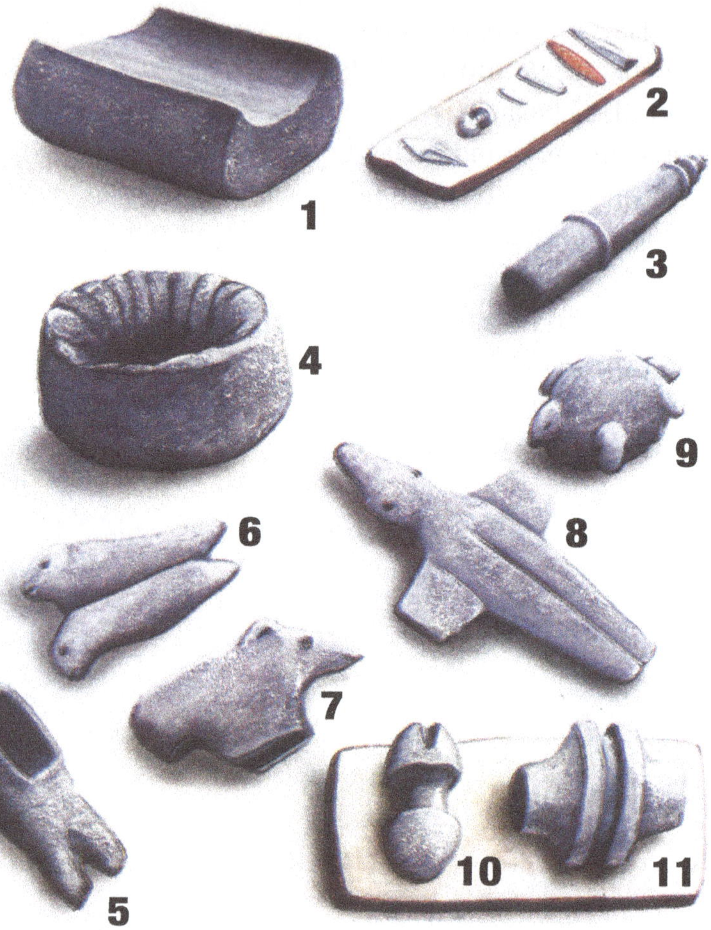

Esculturas e instrumentos de pedra dos sambaquis brasileiros.

Alguns objetos, como o bloco de pedra (1), serviam para polir outros instrumentos e pedras. Outros eram provavelmente enfeites, feitos com pequenas pedras polidas (2), que os índios de um tempo mais recente também utilizavam, enfiadas no lábio inferior. Algumas formas eram belamente esculpidas, como a "mão de pilão" (3), talvez usada para esmagar grãos, a "panela" (4), cuidadosamente escavada numa pedra muito dura, ou maças com sulco central, como (10) e (11).

Os objetos mais característicos dessa sociedade, no entanto, eram as esculturas em pedra, como as que aparecem nas imagens (5) a (9). Não sabemos para que serviam, mas quase todas tinham um recipiente no centro. Algumas apresentavam a forma humana, mas eram raras. A maioria reproduzia animais: peixes, antas, pássaros ou crocodilos.

Maça de pedra em forma de cabeça humana.

O povo dos sambaquis sabia, igualmente, fazer belos instrumentos de osso. Estes eram mais numerosos e importantes do que os de pedra. Na figura à direita, vemos alguns exemplos desse artesanato. Havia pontas de osso (1), que podiam ser fixadas a flechas ou arpões, agulhas, com furo para linha (2), e anzóis (3). Alguns grandes bastões de osso (4) talvez servissem para empurrar com mais força lanças ou arpões de pescar. Encontramos até mesmo facas (5), panelas (6), enfeites de dente de tubarão (7) e a escultura de um pássaro (8).

Escultura em pedra dos sambaquis.

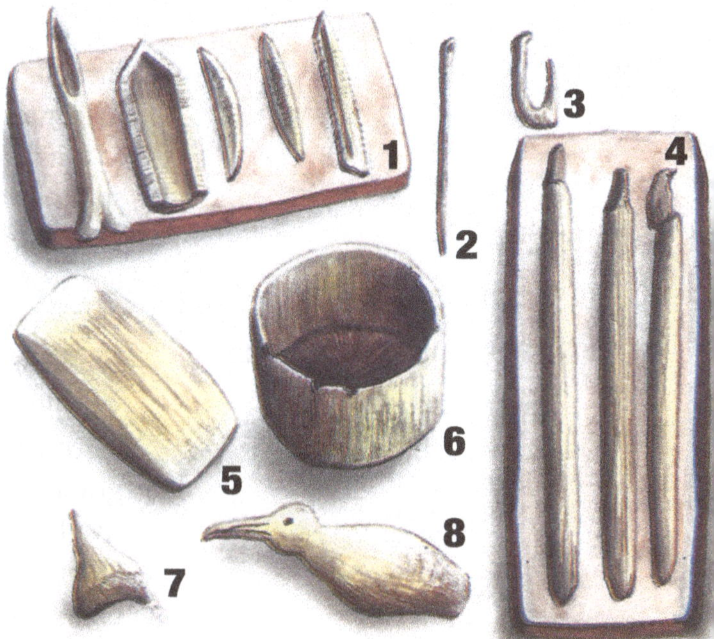

Instrumentos de osso dos sambaquis.

Os sambaquis devem ter abrigado uma população numerosa, que se expandiu e cresceu por quase 5 mil anos. À época da chegada dos primeiros europeus às costas do Brasil, no entanto, já não eram tão vigorosos. Haviam sido sobrepujados e conquistados por povos que detinham uma tecnologia superior, eram agricultores e conheciam os segredos de se domar a terra para produzir alimentos. Sobre eles falaremos no próximo capítulo.

5.

OS AGRICULTORES

"O homem adquiriu a capacidade de controlar a produção de seu alimento."

Há cerca de 4 mil anos, uma grande inovação tecnológica, que alterou profundamente o modo de vida dos indígenas, começou a ser introduzida na região do futuro Brasil: a agricultura. Com ela, o homem adquiriu a capacidade de controlar a produção de alimento, saindo da total dependência daquilo que a natureza espontaneamente lhe oferecia.

O trabalho era mais cansativo e difícil. Era preciso derrubar florestas, plantar raízes e sementes, esperar a colheita. Mas a dieta melhorou, a população pôde crescer e as aldeias se tornaram mais permanentes e maiores.

A ideia de que era possível cultivar a terra deve ter chegado ao Brasil de fora. Talvez da cordilheira dos Andes ou da América Central, onde havia, então, grandes e ricas civilizações de agricultores. Alguns dos vegetais plantados pelos cultivadores do Brasil, como o milho, o feijão, o tabaco e o algodão, foram certamente trazidos de fora.

Os indígenas agricultores do Brasil, no entanto, desenvolveram seus próprios cultivos: corantes, plantas medicinais, palmeiras. Sua descoberta mais notável foi a do cultivo da mandioca, uma raiz de grande teor alimentício, mas com algumas espécies venenosas. Os cultivadores pré-históricos do Brasil descobriram o modo de extrair o veneno da raiz, prensando-a e torrando-a. Foram a única população do mundo a ter como alimento principal uma planta venenosa!

Uma outra grande invenção, que também apareceu no Brasil há uns 4 mil anos, foi a cerâmica. Feitos de argila e cozidos no fogo, os objetos de cerâmica podiam ter formas muito variadas e tornavam-se impermeáveis e duros. Também se produziam potes para transportar água ou guardar mantimentos. Outros recipientes podiam ser levados ao fogo, tornando possível o cozimento dos alimentos vegetais que os agricultores produziam.

Há, por isso, uma grande ligação entre a difusão da cerâmica e a da agricultura. É verdade que alguns povos de caçadores adotaram e produziram, também eles, objetos de cerâmica, sobretudo no sul do país. Mas a presença de peças de cerâmica num sítio arqueológico é, ainda assim, um bom indício de que seus ocupantes eram agricultores.

Os agricultores da Amazônia

Vimos nos capítulos anteriores como os caçadores pré-históricos deixaram poucos vestígios na planície amazônica, cuja densa floresta devem ter evitado por muito tempo. Mas a Amazônia teve um papel importante na introdução da agricultura e da cerâmica. Em sambaquis do Pará, com efeito, descobriram-se vasos cerâmicos que podem datar de 4 mil ou, até mesmo, 5 mil anos atrás. Seria uma das cerâmicas mais antigas de toda a América!

Os agricultores da Amazônia parecem ter se difundido ao longo das margens do grande rio Amazonas e de seus principais afluentes, sem nunca terem ocupado a mata mais espessa. Esse fato pode ser observado na imagem abaixo, que mostra a distribuição dos achados arqueológicos na região amazônica.

Distribuição dos sítios arqueológicos da Amazônia brasileira.

Com o tempo, os agricultores amazônicos tornaram-se grandes ceramistas e desenvolveram culturas complexas e sofisticadas, talvez quase tão importantes quanto a cultura dos incas e a dos astecas. Infelizmente, até agora elas não atraíram a atenção dos arqueólogos brasileiros e por isso são muito mal conhecidas. Por seus objetos, no entanto, podemos observar que eram povos dotados de uma imaginação poderosa, grandes artistas.

Uma de suas principais tradições cerâmicas é chamada pelos arqueólogos de *inciso-ponteada* e se desenvolveu sobretudo ao longo dos rios Tapajós e Konduri. Seu centro parece ter se localizado onde hoje está a cidade de Santarém. Quase nada sabemos sobre o povo de Santarém. Talvez tenham vivido há uns 2 mil anos, talvez pertençam a época mais recente e sejam antepassados dos índios tapajós.

Seus objetos em argila e cerâmica eram muito originais e bem elaborados. Na figura abaixo vemos algumas estatuetas encontradas em Santarém, todas de argila. Uma delas representa uma pessoa sentada, com os braços cruzados sobre as pernas (1). Está sem roupas e usa apenas um par de brincos circulares e uma espécie de "coroa" na cabeça. Os cabelos são penteados para trás e presos em quatro trancinhas. Outras estátuas são mais simples e abstratas, representando apenas as características essenciais das figuras.

Estatuetas de argila da região de Santarém.

Vemos, nesta página, algumas estatuetas e alguns recipientes típicos da cultura de Santarém. Suas formas são complexas e rebuscadas e, embora modelados à mão, são de excelente qualidade.

Cerâmica de Santarém. Abaixo: vaso em forma de jacaré, com gargalo, e recipiente decorado com cabeças de urubu-rei.

Utensílios de cerâmica de Santarém.

Encontraram-se pratos com bordas desenhadas (2 e 3), recipientes decorados com cabeças de urubus ou em forma de jacaré (1), urnas para enterrar os mortos (4) e até mesmo o que parece ser um apito (5). Não sabemos, exatamente, para que serviam tais utensílios. Alguns possuem furos nas bordas, o que faz supor que eram pendurados. Talvez tivessem uma função religiosa. Não parecem, em todo caso, objetos comuns, de uso cotidiano.

Essas peças devem ter sido feitas por artesãos especializados, que viviam apenas de sua produção. E isso sugere uma sociedade bem organizada, composta por grupos distintos de pessoas, que trabalhavam em diferentes especialidades. Suas aldeias deviam ser grandes, talvez mesmo pequenas cidades, com Estados organizados.

Os agricultores de Marajó

A mais notável civilização amazônica, no entanto, desenvolveu-se na foz do rio Amazonas, na grande ilha de Marajó. A colonização da ilha por agricultores e ceramistas é bastante antiga. Por volta de 3 500 anos atrás, um povo, que os arqueólogos denominam *Ananatuba*, ocupou as regiões entre as praias e a mata, construindo grandes casas isoladas, que talvez abrigassem 100 ou 150 pessoas cada uma.

Além de praticarem a agricultura, os Ananatuba deviam aproveitar-se da riquíssima fauna da ilha. Deles conhecemos apenas objetos em argila. Fabricavam uma cerâmica simples, decorada com linhas cruzadas, como se vê na imagem a seguir, onde aparecem potes, pratos e pequenos fragmentos de cerâmica, decorados com linhas e pontos.

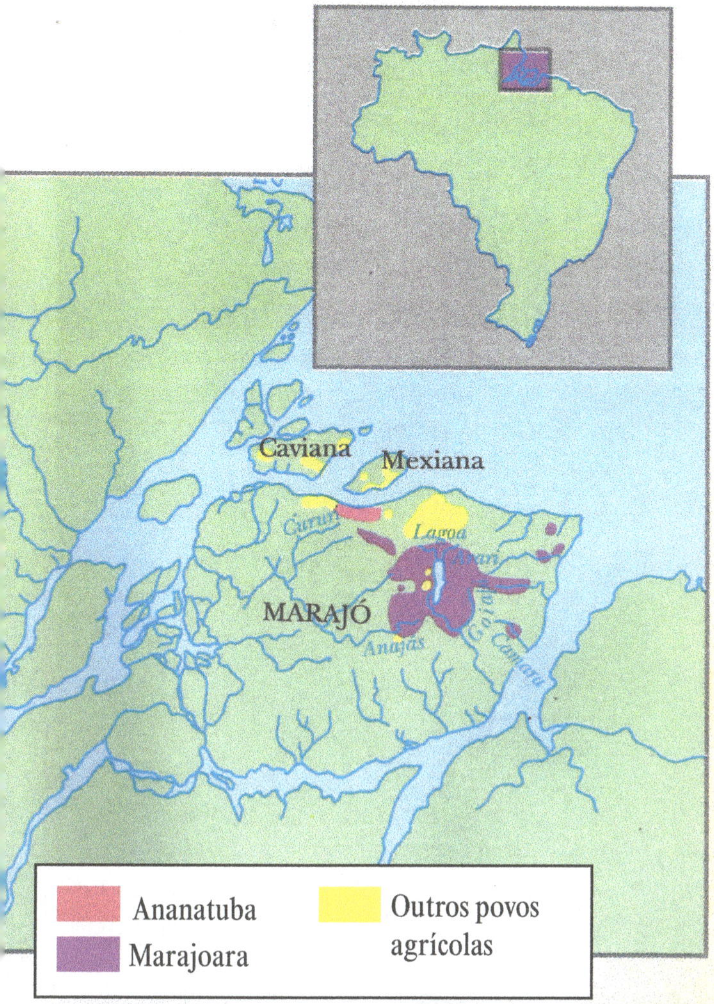

Distribuição dos antigos agricultores na ilha de Marajó.

Peças em cerâmica da cultura Ananatuba: vasilhames de cozinha e cacos com decoração.

Há aproximadamente 1 800 anos, no entanto, teve início um grande processo de inovação e mudança, que levou ao desenvolvimento de uma grande civilização, a chamada "cultura marajoara". Os marajoaras começaram a ser estudados há pouco tempo e ainda não conhecemos muito sobre eles.

Pelos restos das aldeias marajoaras, podemos saber que se concentravam na parte ocidental da ilha, nos rios ao redor do grande lago Arari. Para fugir das inundações, construíram inúmeros morros artificiais, denominados *tesos*. Era sobre esses morros, alinhados em fileiras que seguiam as margens dos rios, que eles habitavam.

O mapa ao lado mostra a distribuição desses morros artificiais ao longo do rio Camutins. Alguns tesos são bastante pequenos, variando entre 10 e 70 metros de comprimento; outros, como os de números (1) e (2), são muito grandes, com mais de 200 metros de comprimento. Deviam ter funções especiais e talvez fossem habitados pelos moradores mais importantes.

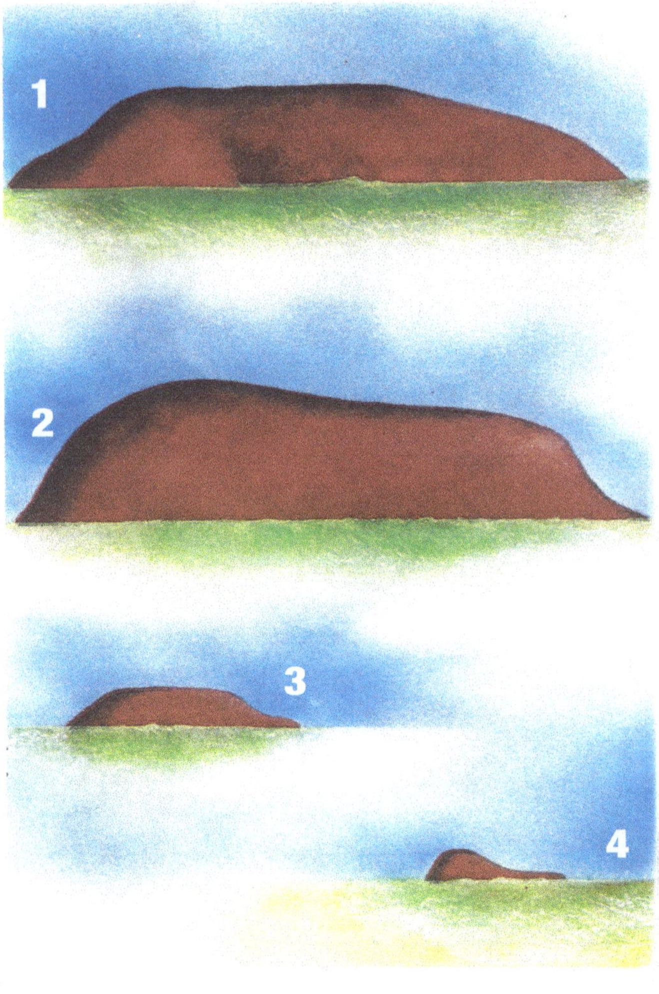

Morros artificiais (tesos) ao longo do rio Camutins, na ilha de Marajó. Os marajoaras construíam suas habitações sobre esses morrinhos para fugir às inundações. Os morros maiores, embaixo, podem ter sido também lugares para cerimônias religiosas. Veja o perfil de alguns desses morros, ao lado.

As casas dos marajoaras localizavam-se sobre esses morros, e assim não eram atingidas pelas enchentes. Só ao longo do rio Camutins deviam viver mais de 2 mil pessoas, formando verdadeiras "cidades". A população total da ilha, no período de maior prosperidade, pode ter atingido mais de 100 mil habitantes.

Deve ter sido uma sociedade bastante complexa, com uma agricultura desenvolvida. Alguns arqueólogos a imaginam dividida em classes sociais diferentes. A maioria das famílias plantava e caçava, algumas dedicavam-se ao artesanato. É possível que os membros das classes superiores não trabalhassem, mas se dedicassem ao governo e à religião.

Mas são apenas suposições. Nenhum desses morros foi, ainda, completamente escavado. Estamos apenas começando a conhecer a sociedade marajoara. Até o momento, nosso melhor documento sobre esse povo é sua cerâmica. Os marajoaras foram grandes artistas e decoravam seus objetos mais importantes com desenhos intrincados e coloridos, normalmente com linhas pretas e vermelhas sobre um fundo branco. É a chamada "tradição policrômica" de pintura, uma das mais belas do mundo.

Urnas funerárias de Marajó decoradas com pinturas. Era dentro delas que se enterravam os mortos.

Nas figuras anteriores, vemos alguns exemplares dessa cerâmica. São grandes vasos, chamados de urnas. Era dentro deles que os marajoaras colocavam seus mortos para enterrá-los. Muitos grupos indígenas brasileiros fariam o mesmo, depois. Observe os desenhos que decoram as urnas. Representam corpos humanos, talvez os próprios defuntos. Podemos reconhecer, se olharmos com atenção, os olhos, a boca, as mãos e os pés. Os desenhos mostram que possuíam uma imaginação viva e grande habilidade manual. É um estilo de pintura muito bonito, e único no mundo.

Na imagem abaixo aparecem outros objetos marajoaras. É possível que fossem usados apenas em ocasiões especiais, pois deviam dar muito trabalho para fazer: (1) é uma tigela, decorada com espirais; (2), um jarro; e (4), outra tigela, vista por dentro. O objeto (3) é muito curioso e um dos mais típicos dos marajoaras. Trata-se de uma tanga de cerâmica, que devia ser presa ao corpo por meio de cordõezinhos.

Urna funerária de Marajó decorada com olhos humanos.

3

1

4

2

Objetos em cerâmica da cultura marajoara.

Nas figuras a seguir, vemos alguns objetos marajoaras. Todos foram encontrados em sepulturas. (1) é uma urna funerária, com decoração que lembra uma mulher. (2), (3) e (4) são estatuetas, talvez deixadas como presentes aos mortos. (2) representa uma mulher levando ambas as mãos à boca; (3) é outra mulher, sentada de cócoras, que parece estar comendo algo. Em (4) vemos uma peça interessante: um grupo de pessoas parece dar-se as mãos e formar uma roda, como se dançassem.

3

1

2

Estatuetas decoradas da cultura marajoara.

4

Quase nada conhecemos da história dos marajoaras. É possível que já estivessem decadentes quando os portugueses chegaram. Sua cultura, em todo caso, foi muito importante e parece ter influenciado outras populações de agricultores no Brasil pré-histórico. Devemos esperar que novas pesquisas nos revelem mais detalhes desse povo ainda misterioso.

Grande vasilha pintada da cultura marajoara.

Mil anos antes de Cabral

Nos últimos 2 mil anos, a prática da agricultura e o uso da cerâmica se difundiram, pouco a pouco, por quase todo o território do Brasil atual. Essa difusão deve ter sido levada a cabo por diversos povos e culturas, falando línguas diferentes. Talvez alguns fossem imigrantes, vindos de outras regiões, e outros, descendentes dos antigos caçadores e coletores, que, então, adotaram a agricultura. Nós os conhecemos, sobretudo, por sua cerâmica e, em alguns casos, por suas habitações.

A prática de cultivar a terra parece ter se espalhado primeiramente pelo centro do Brasil, numa faixa de terra que vai de Goiás ao Rio de Janeiro. É a chamada tradição Una, reconhecível por seus vasos simples e quase sem decoração e por seus machados retangulares de pedra polida.

Estatueta marajoara representando, de modo simplificado, um homem.

Objetos típicos da tradição Una, de Minas Gerais: grandes potes de cerâmica (1 a 3), machados de pedra polida (4 e 5) e rodela de fuso (6).

Muitos grupos viviam, ainda, em cavernas, principalmente em Minas Gerais. Colhiam frutos silvestres e moluscos, mas já plantavam milho, tabaco e sabiam fabricar tecidos. Sabemos disso pela peça (6) da figura acima. É o que chamamos uma rodela de fuso, usada para equilibrar e fazer girar uma haste, na qual se enrolavam os fios de algodão.

Num período mais recente, começando provavelmente há cerca de 1 500 anos, o centro do Brasil, entre São Paulo e Rio Grande do Norte, foi ocupado por povos que os arqueólogos denominam Aratu. Viviam em grandes aldeias, algumas ocupando até 10 mil metros quadrados. Eram formadas por diversas cabanas, com 10 ou 15 metros de diâmetro, dispostas em forma de círculo.

A imagem abaixo mostra uma dessas aldeias, localizada em Minas Gerais. O sítio não foi escavado, mas podemos reconhecer o local onde ficavam as antigas cabanas graças às manchas escuras, que se destacam na superfície do solo e na vegetação. Tais manchas foram provocadas pelo acúmulo, durante muitos anos, de restos de cinzas, alimentos e outros materiais utilizados pelos moradores dentro de suas casas.

Planta da aldeia indígena de São Geraldo, Minas Gerais. As manchas escuras indicam o lugar onde ficavam as antigas cabanas. As manchas claras mostram os locais onde os habitantes trabalhavam.

Como os marajoaras, os Aratu enterravam seus mortos em urnas, mas não pintavam sua cerâmica, que apresentava formas bem simples. Nesta figura, vemos alguns de seus objetos: urnas funerárias (1), (2) e (3); vasilhas (4), (5) e (6); machado de pedra polida (7). Aparecem, também, rodelas de fuso (8), mostrando que fabricavam tecidos, e pequenos cachimbos feitos de cerâmica (9), usados para fumar o tabaco — uma planta que os índios consideravam sagrada.

Objetos típicos da tradição Aratu. Vasos cerâmicos de fabricação simples: urnas funerárias, tigelas, potes e cachimbos, além de um machado de pedra.

Nesta ilustração, vemos alguns de seus instrumentos de pedra. São grandes e pesados machados, usados para derrubar árvores (1 e 2). Era assim que abriam espaço na floresta para suas plantações.

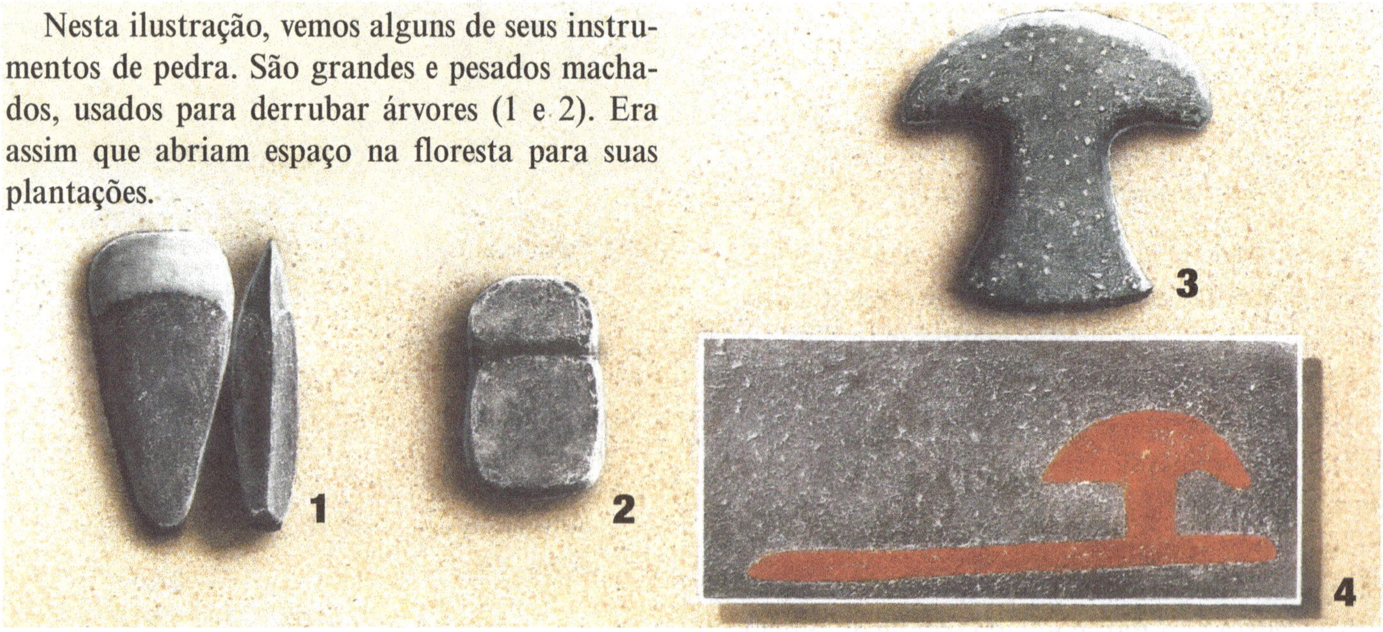

Machados de pedra dos agricultores Aratu. Uma pintura, encontrada numa caverna, mostra como a lâmina do machado se encaixava no cabo de madeira.

O machado (3), em forma de meia-lua, é um dos objetos mais típicos dessa cultura. Talvez fosse um machado de guerra. Ele aparece, inclusive, pintado no interior de cavernas (4). Por essa pintura podemos ver, com clareza, como a lâmina se prendia ao cabo.

Os agricultores Aratu sobreviveram à chegada dos portugueses, com os quais entraram em contato. Ao que tudo indica, devem ter correspondido aos povos que falavam as línguas chamadas Gê, como os atuais bororos, caiapós e xavantes.

Fabricantes de cerâmica das florestas de pinheiros

Nos planaltos mais frios do Sudeste brasileiro, desenvolveu-se outra área cultural de agricultores e ceramistas. Os arqueólogos denominam estas populações Itararé. Tinham muitas ligações com as culturas pré-históricas do Uruguai e da Argentina.

Os sítios mais antigos dos povos Itararé se encontram no Rio Grande do Sul. Esses povos devem ter se expandido, lentamente, em direção ao norte. Ainda existiam quando chegaram os portugueses, no século XVI, e alguns de seus descendentes, como os xoclengues de Santa Catarina, preservam algumas de suas tradições.

O alimento principal desses índios parece ter sido o pinhão, mas sabiam plantar milho e caçavam um pouco. Devido ao frio, e para escaparem dos ventos do planalto, habitavam em casas subterrâneas, agrupadas em conjuntos, às vezes formando grandes aldeias. As casas eram escavadas no solo e depois cobertas por um teto de palha, sustentado por estacas. Algumas casas eram muito grandes, com até 22 metros de diâmetro. Outras eram menores, medindo entre 2 e 5 metros.

Casas subterrâneas dos Itararé. Os desenhos mostram a planta dessas casas, depois de escavadas pelos arqueólogos, e a reconstrução do telhado de uma delas. As casas Itararé se comunicavam, às vezes, por meio de túneis subterrâneos de grande extensão, como os que aparecem na ilustração.

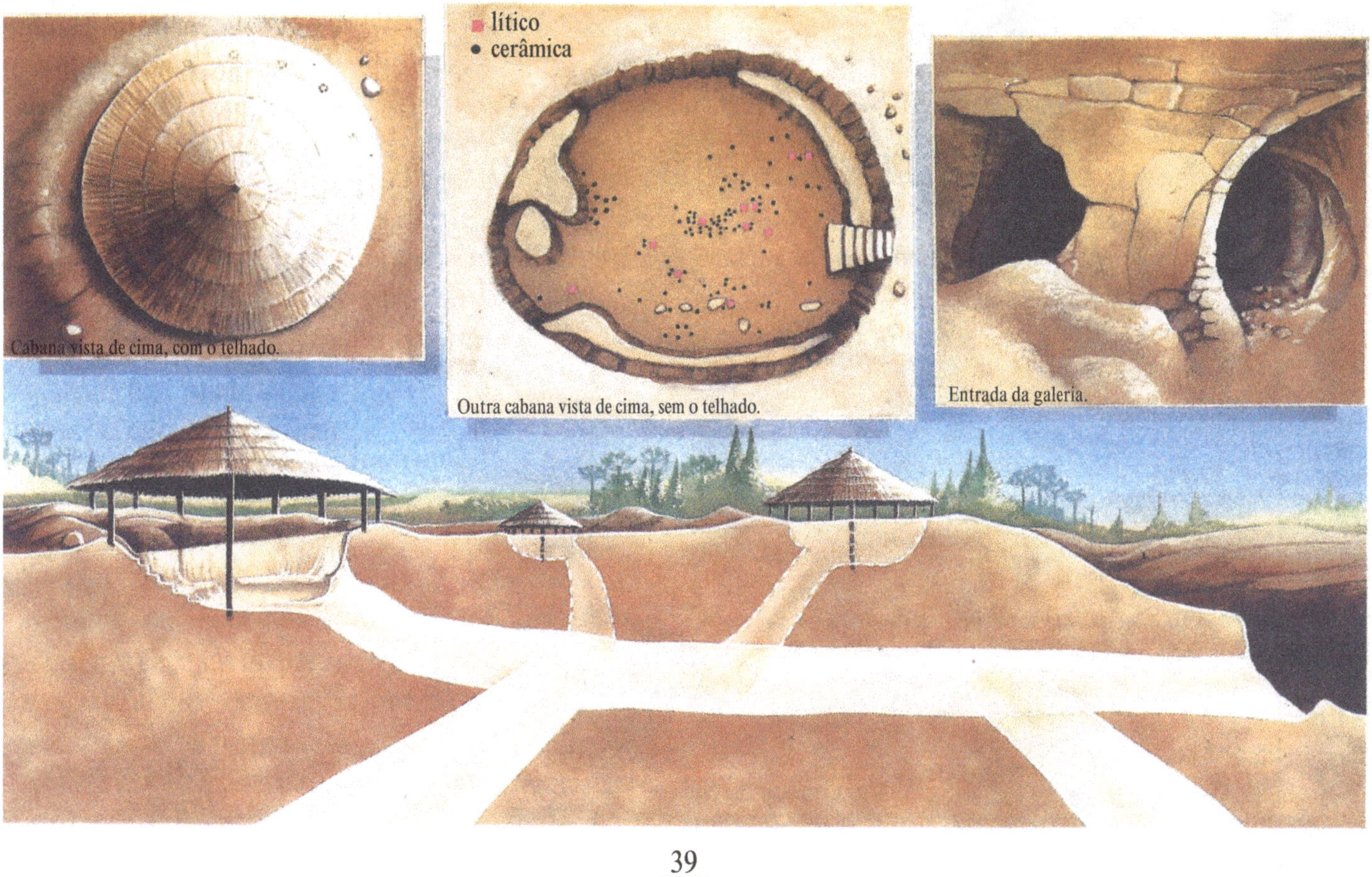

Cabana vista de cima, com o telhado.

Outra cabana vista de cima, sem o telhado.

Entrada da galeria.

Vemos, na página anterior, vestígios dessas cabanas, depois de escavadas. São ruínas pobres, é verdade, mas podem nos dar uma ideia da vida de seus habitantes. Uma tinha planta circular e era rodeada por estacas, apoiadas em pedras, que sustentavam o telhado. A partir desses restos, os arqueólogos puderam reconstruir sua forma provável. Outra cabana era oval e bastante profunda. No seu interior descobriram-se muitos instrumentos de pedra e cacos de cerâmica. Uma escada, à direita, permitia entrar e sair da habitação.

Os Itararé construíram, igualmente, grandes túneis subterrâneos, talvez para guardarem alimentos ou para fugirem de seus inimigos. Eram galerias complexas, com vários ramais. Algumas podiam ter mais de 60 metros de comprimento.

Sua cerâmica tinha a cor cinza ou marrom e era simples e sem decoração. Não havia urnas funerárias nem estatuetas. A maioria dos objetos era composta por vasos pequenos, de boca larga, como os que aparecem na ilustração, usados para cozinhar ou guardar alimentos, e que representam formas típicas desses povos das florestas frias.

Os tupis-guaranis

Mil anos antes da "descoberta" do Brasil pelos europeus, um grande movimento de migração parece ter se iniciado no sul da floresta amazônica. Os povos que se moviam falavam línguas aparentadas, de uma grande família de línguas a que denominamos *tupi-guarani*.

Plantavam milho e, sobretudo, mandioca, praticando o que se chama de "agricultura de coivara". Queimavam um trecho da floresta e aí realizavam suas plantações. Quando a terra se esgotava e a produção se tornava mais fraca, mudavam para outro local e repetiam o mesmo processo. Por isso, estavam sempre em movimento.

Eram povos guerreiros, habituados às matas, bons caçadores e pescadores. Mas, acima de tudo, eram grandes navegadores. Dominavam os grandes rios com suas canoas, e foi através dos cursos de água que penetraram no planalto brasileiro, expulsando ou dominando os habitantes mais antigos.

Com o tempo, os tupis-guaranis chegaram a ocupar um vasto território, avançando para o litoral e subindo, pouco a pouco, pela costa do Brasil em direção ao nordeste. No mapa, podemos ver sua expansão no sul do Brasil e os caminhos que seguiram, sempre pelos rios, até a costa da Bahia. Foi aí que os portugueses os encontraram, em plena expansão, por volta do ano de 1500.

Formas de cerâmica Itararé.

Distribuição dos tupis-guaranis antes de Cabral. Observe como penetraram no Brasil, seguindo o curso dos grandes rios. A Peabiru é a mais antiga estrada brasileira, construída pelos guaranis.

Esses povos moravam em aldeias, compostas por várias cabanas circulares, geralmente situadas nas proximidades dos rios. Vemos, na página seguinte, a planta de duas dessas aldeias, descobertas por arqueólogos graças às manchas escuras que já conhecemos: a de Regada Garcia foi encontrada em São Paulo, enquanto a de Queimada Nova fica no Piauí. As cabanas eram feitas de troncos de árvores e cobertas com palha. Cada uma abrigava várias famílias, todas aparentadas. Dentro delas, os arqueólogos encontraram diversos vestígios de fogueiras e, por vezes, restos de estacas enfileiradas, que deviam sustentar as redes onde dormiam.

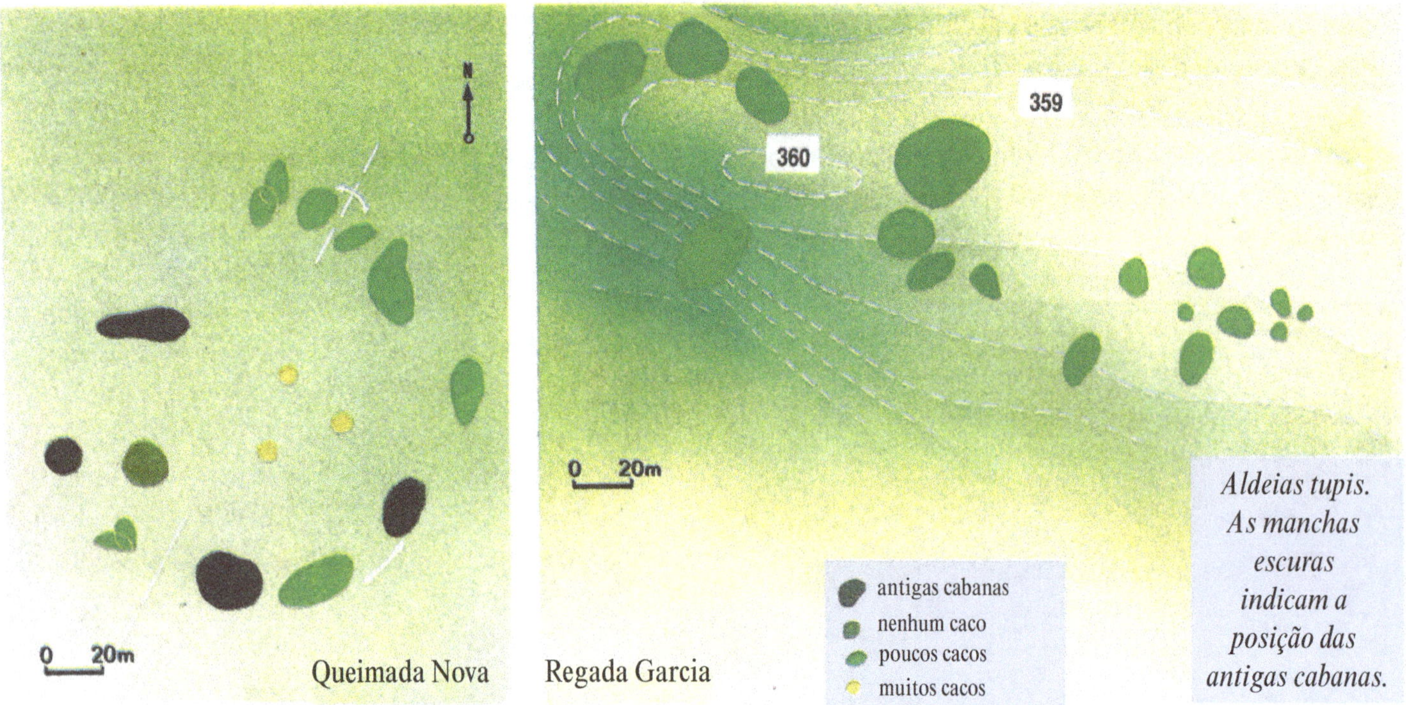

Aldeias tupis. As manchas escuras indicam a posição das antigas cabanas.

Os tupis-guaranis compunham-se, na verdade, de vários grupos distintos, com hábitos e objetos diferentes: guaranis no oeste e no sul, tupiniquins em São Paulo e tupinambás no litoral norte. Havia, no entanto, grandes estradas de terra, abertas na floresta, pelas quais mantinham contato entre si. Um desses caminhos, o Peabiru, ligava o litoral de São Paulo, em Cananeia, a Assunção, no Paraguai. Alguns trechos foram encontrados por arqueólogos: a estrada tinha 1,40 metro de largura e 0,40 de profundidade (veja o Peabiru no mapa da página 41).

Certos hábitos dos tupis-guaranis parecem-se com os costumes dos marajoaras. Por isso, alguns arqueólogos acham que pode ter havido uma interação entre ambas as culturas. Os tupis-guaranis também enterravam seus mortos colocando-os em urnas, junto com alguns presentes. Certos desenhos, com que decoravam sua cerâmica, parecem-se um pouco com a pintura marajoara da "tradição policrômica". São desenhos geométricos, feitos com linhas pretas e vermelhas sobre fundo branco. Veja alguns exemplos da pintura tupi-guarani: (1) é um fragmento de recipiente encontrado no Nordeste, (2) e (3) provêm de Minas Gerais, e os desenhos de (4) são típicos de Santa Catarina.

Pintura tupi-guarani em vasos de cerâmica.

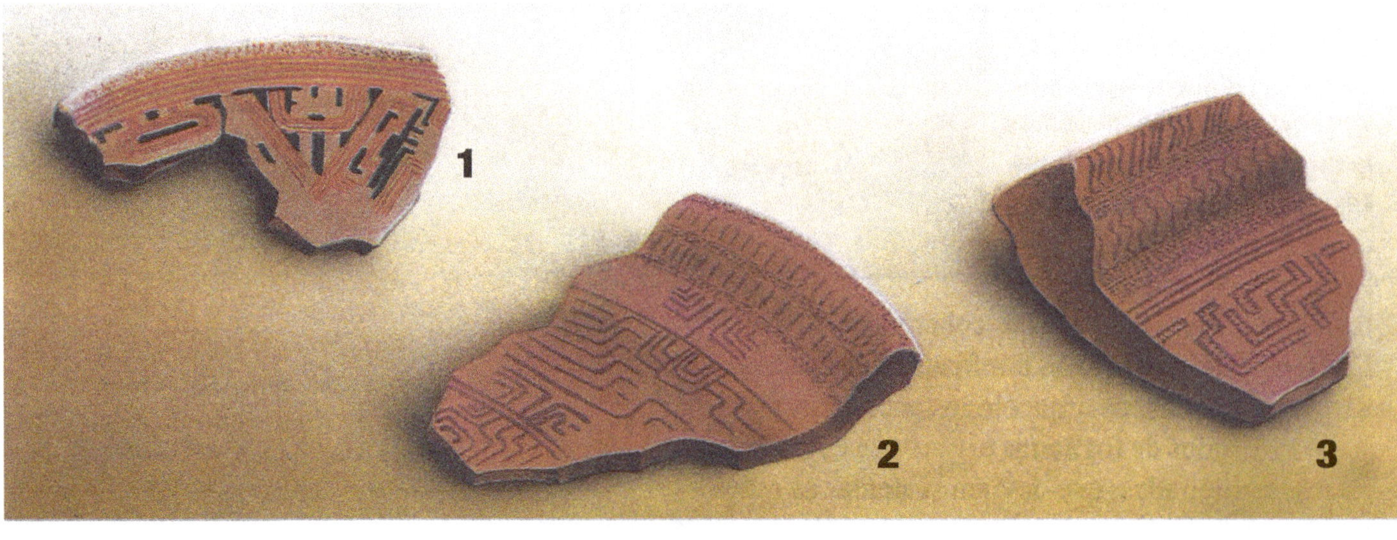

A cerâmica constitui a parte de sua cultura que os arqueólogos conhecem melhor. As formas variavam de região para região. Podemos ver isso pelas urnas funerárias. As urnas dos guaranis tinham uma forma angulosa e uma superfície polida. Aquelas dos tupiniquins, que habitavam em São Paulo, apresentavam formas arredondadas e uma superfície enrugada.

Urna funerária guarani.

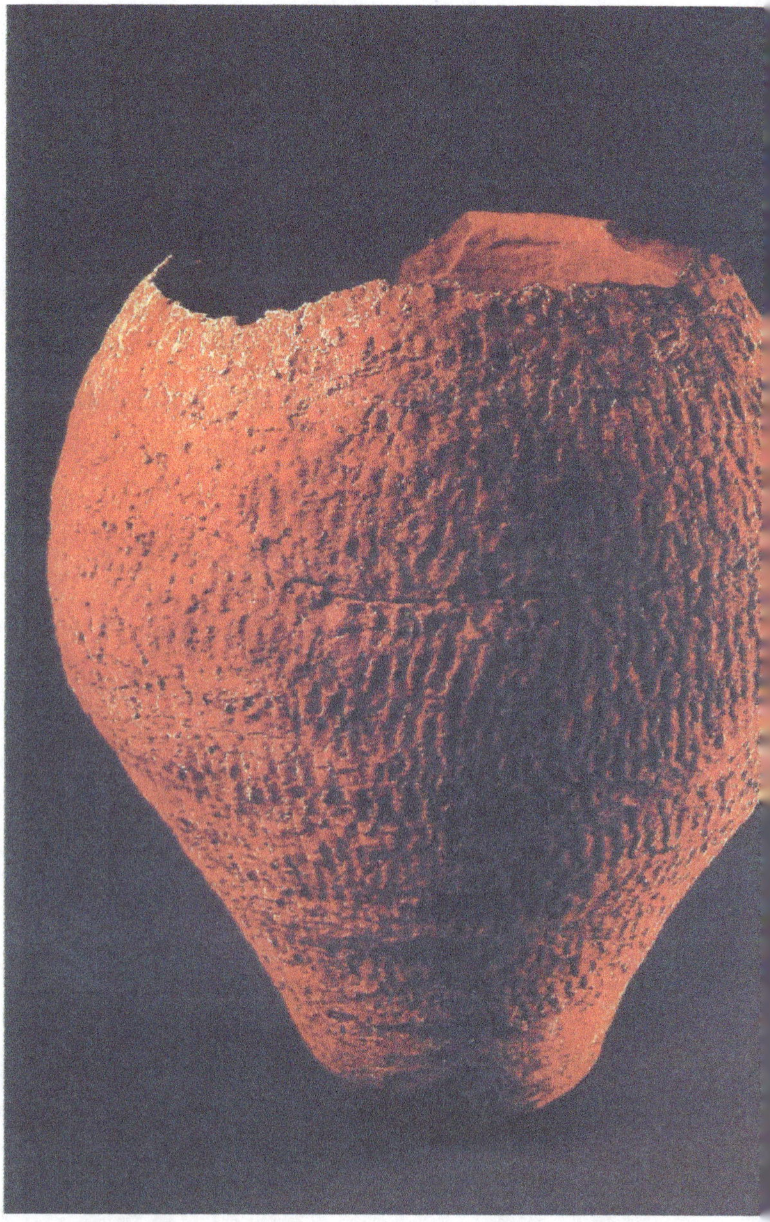

Urna funerária tupi. Essas urnas eram enterradas nas proximidades das aldeias.

Mas os tupis-guaranis não fabricavam apenas vasos. Nesta ilustração, podemos observar alguns de seus objetos, mas apenas aqueles em materiais duráveis, que sobreviveram à ação do tempo. (1) e (2) eram cachimbos de barro, usados para fumar as folhas do tabaco. (3), (4) e (5) eram machados de pedra, usados para derrubar árvores e fabricar canoas; (6) era uma rodela de fuso, que servia, como vimos, para fiar algodão. Tente adivinhar a função dos outros objetos. Não é fácil. Muitas vezes, nem mesmo os arqueólogos sabem ao certo.

Diferentes objetos da cultura tupi-guarani.

Quando os europeus aportaram nas terras do Brasil, em 1500, os tupis-guaranis formavam uma civilização florescente e em expansão. Em algumas regiões, organizavam-se já em pequenas confederações, como embriões de pequenos Estados. Sua história, como a dos demais indígenas brasileiros, tinha já um longo passado de desbravamentos e conquistas.

Mas essa história foi bruscamente interrompida pela invasão europeia. Os habitantes do Brasil foram escravizados, mortos ou expulsos para terras distantes e mais pobres. Seu desenvolvimento cultural foi interrompido e seu modo de vida foi, aos poucos, se extinguindo. Os índios atuais são apenas uma pálida imagem do que foram no passado, quando dominaram com seu trabalho e sua arte as terras do Brasil. Mas o relato dessa triste destruição já é outra história.

CRONOLOGIA

A maioria das datações conhecidas para a pré-história brasileira foi obtida com a técnica do carbono 14, que vimos no capítulo I. Não são datas precisas, e muitas delas são contestadas pelos próprios arqueólogos.

Embora aproximadas, essas datas fornecem um quadro cronológico para nossa história antes dos europeus. É preciso ter em mente que se trata de períodos muito longos de tempo. Um tempo que se mede em milhares e milhares de anos, envolvendo a vida de centenas de gerações. Abaixo estão algumas das datas principais da pré-história brasileira. São datas "A.P.", como dizem os arqueólogos, ou seja, "Antes do Presente".

40000 A.P. Provável chegada dos homens à América. Há um sítio arqueológico, no Piauí, que parece datar dessa época. Mas muitos arqueólogos não aceitam essa datação.

20000-10000 A.P. Primeiros povoadores do Brasil. Habitavam em cavernas e caçavam grandes animais.

10000-6000 A.P. Os caçadores e coletores se espalharam pelo território brasileiro. O arco e flecha foi introduzido e os povoadores aprenderam, pouco a pouco, a explorar os recursos das regiões que habitavam. Nessa época viveu o "homem de Lagoa Santa".

7300 A.P. Início da tradição Humaitá, dos fazedores de pedras "bumerangues".

6700 A.P. Início da tradição Umbu, dos fazedores de pontas de flecha. Essa tradição, como a anterior, durou milhares de anos, até o aparecimento da agricultura.

6000 A.P. O mar atinge seu nível atual. Primeiros sambaquis no litoral sul do Brasil. Muitos sambaquis, embora menores, sobrevivem até a época da descoberta do Brasil.

5000 A.P. Primeiros fabricantes de cerâmica, estabelecidos no litoral do Pará. A agricultura deve ter começado a se difundir, lentamente, pelo país.

4000 A.P. Primeiros agricultores do Brasil central. Cultivavam milho e habitavam em cavernas.

3500 A.P. Primeiros agricultores na ilha de Marajó — os Ananatuba.

1800 A.P. Início da cultura marajoara, na foz do rio Amazonas. Seu apogeu parece ter sido atingido 700 anos A.P.

1500 A.P. Primeiros agricultores Itararé, construtores de casas subterrâneas no sul do Brasil. Provável início da expansão dos tupis-guaranis pelo leste brasileiro.

1000 A.P. Agricultores Aratu, do Brasil central, habitantes de grandes aldeias.

500 A.P. Chegada dos europeus. Início da destruição das culturas indígenas por espanhóis e portugueses.

PARA SABER MAIS

Nunca se tentou realizar filmes sobre os primeiros povoadores do Brasil. Alguns, no entanto, retratam a vida dos índios, na época de seu contato com os europeus. O melhor deles, sem dúvida, é o filme *Como era gostoso o meu francês*, realizado por Nelson Pereira dos Santos.

Há poucos livros sobre a pré-história de nosso país. A maioria, infelizmente, é muito técnica e de leitura difícil. O livro mais completo sobre a arqueologia brasileira é recente. Foi escrito por um arqueólogo da Universidade Federal de Minas Gerais, André Prous.

Para conhecer um pouco mais sobre a Arqueologia, existe uma boa introdução, escrita por Pedro Funari, da Universidade de Campinas. Tratase de um livro pequeno, e de leitura fácil, editado pela Ática, na coleção *Princípios*.

Os objetos descobertos pelos arqueólogos são, normalmente, depositados em museus. Podemse visitar belas coleções de peças pré-históricas no Museu de Arqueologia e Etnologia da USP, no Museu Emílio Goeldi, em Belém do Pará, no Museu Nacional do Rio de Janeiro e em muitos pequenos museus locais (quase todas as universidades federais têm seu museu de arqueologia). Alguns desses museus organizam visitas para escolas, acompanhadas por monitores.

BIBLIOGRAFIA

BROCHADO, J. B. *Um modelo ecológico de difusão da cerâmica e da agricultura no leste da América do Sul*. Urbana: University of Illinois, 1984.

DE BLASIS, P. A.D. A indústria dos sítios líticos do médio vale do Ribeira de Iguape. *Revista de Pré-História*, nº 7, 1989, p. 89-111.

KERN, A. (organizador). *Arqueologia pré-histórica do Rio Grande do Sul*. Porto Alegre: Mercado Aberto, 1991.

PESSIS, A. M. Método de interpretação da arte rupestre pré-histórica: análise preliminar da ação. *Revista de Arqueologia*, vol. 2, nº 1, 1984, p. 47-58.

PROUS, A. *Arqueologia brasileira*. Brasília: Editora da UnB, 1991.

ROOSEVELT, A. C. *Moundbuilders of the Amazon*. San Diego: Academic Press, 1991.

SCHMITZ, P. I. Áreas arqueológicas do litoral e do planalto do Brasil. *Revista do Museu de Arqueologia e Etnologia*, nº 1, 1991, p. 3-20.

VILHENA-VIALOU, A. & VIALOU, D. Abrigo pré- histórico Santa Elina, Mato Grosso: hábitats e arte rupestre. *Revista de Pré-História*, vol. 7, 1989, p. 34-53.

Fontes das ilustrações

Páginas 7 e 8: A. Vilhena-Vialou & D. Vialou, *Revista de Pré-História*.

Páginas 9, 12, 13, 14, 16, 18, 19, 21, 22, 24, 25, 27, 28, 29, 30/31, 32, 37, 38, 39, 40, 41, 42/43 e 44: A. Prous, *Arqueologia brasileira*.

Páginas 13, 16/17 e 18: A. Kem, *Arqueologia pré-histórica do Rio Grande do Sul*.

Página 17: P. de Blassis, *Revista de Pré-História*, vol. 7, São Paulo, 1989.

Página 19: A. M. Pessis, *Revista de Arqueologia*.

Páginas 20, 30 e 43: *Tradição e ruptura — síntese de arte e cultura brasileiras*, Fundação Bienal de São Paulo, nov. 84 / jan. 85 (Arquivo histórico Wanda Svevo.).

Página 23: M. C. Mello e Alvim, D. Uchoa, J. C. Gomes, *Revista do MAE*, nº 1, São Paulo, 1991.

Páginas 25, 29, 34, 36 e 43: *O Museu Paulista da USP*, Catálogo, São Paulo, 1984.

Páginas 33, 34 e 35: A. Roosevelt, *Moundbuilders of the Amazon*.

Direitos reservados à
SARAIVA Educação S.A.
Avenida das Nações Unidas, 7.221 – Pinheiros
CEP 05425-902 – São Paulo – SP
www.coletivoleitor.com.br

Tel.: (0xx11) 4003-3061
atendimento@aticascipione.com.br

Dados Internacionais de Catalogação na Publicação (CIP)

Guarinello, Norberto Luiz
Os primeiros habitantes do Brasil / Norberto Luiz Guarinello ; ilustrações Cecília Iwashita; mapas Sônia Vaz. – São Paulo : Atual, 2009. – (Coleção A Vida no Tempo)

Bibliografia.
ISBN 978-85-7056-662-1

1. Arqueologia – Brasil – 2. Brasil – História 3. Índios da América do Sul – Brasil I. Iwashita, Cecília. II. Vaz, Sônia. III. Título. IV. Série.

CDD-981.01

Índice para catálogo sistemático:
Brasil : Arqueologia 981.01

Série **A Vida no Tempo**

Editor: Wilson Gambeta
Assistente editorial: Maria de Lourdes C. Ferreira
Preparação de texto: Noé G. Ribeiro/Maria Luiza Simões
Gerente de produção editorial: Cláudio Espósito Godoy
Revisão: Pedro Cunha Jr. e Lilian Semenichin (coords.)/Aline Araújo
Editoração eletrônica: Silvia Regina E. Almeida/Virgínia S. Araújo
Chefe de arte: Tania Ferreira de Abreu
Assistentes de arte: Marcos Puntel de Oliveira/Ricardo Yorio/Alexandre L. Santos
Produção gráfica: Antonio Cabello Q. Filho/José Rogerio L. de Simone/Marcos Paulo da Silva
Projeto gráfico e diagramação: Tania Ferreira de Abreu
Capa: Luís Díaz
Ilustração de capa: Cecília Iwashita
Filme: Margraf
Composição: Graphbox
Impressão e acabamento: Log&Print Gráfica e Logística S.A.

20ª tiragem, 2021

CAE 602614
CL 810460

OS PRIMEIROS HABITANTES DO BRASIL

Norberto Luiz Guarinello

UMA PROPOSTA DE TRABALHO

A VIDA NO TEMPO do índio

Atual Editora

NOME: ______________________________

ESCOLA: ______________________________ ANO: __________

SUPLEMENTO DE ATIVIDADES

Este livro trata de um assunto pouco conhecido: a pré-história do Brasil. Aqui você descobrirá um pouco da História de nossos índios antes da chegada do homem branco: de onde vieram, como viviam, de que modo ocuparam, pouco a pouco, todas as terras do Brasil. Uma história escrita graças ao trabalho de arqueólogos, que têm descoberto e interpretado os vestígios desses povos. Os exercícios ajudarão você a entender e a lembrar-se do que leu. Faça-os com atenção.

Questões propostas

1. Os índios atuais vivem da mesma forma que seus antepassados da pré-história brasileira? Por quê?

2. É possível fazer uma história a partir de objetos usados por uma sociedade? Como se chamam os pesquisadores que fazem esse estudo?

3. Você considera importante o trabalho dos arqueólogos? Justifique sua resposta. Anote em seu caderno e discuta com outros colegas de classe. Qual a conclusão?

4. Como podemos conhecer o modo de vida dos mais antigos habitantes do Brasil?

5. Qual a origem dos índios brasileiros? Quando chegaram os primeiros povoadores ao Brasil?

6. Como os arqueólogos descobrem a época em que viveu um povo pré-histórico?

7. Qual a diferença entre povos caçadores e coletores e povos agricultores?

8. Qual a vantagem que o uso do arco e flecha conferiu ao caçador?

9. Entre os muitos objetos produzidos pelo homem pré-histórico, quais se conservam melhor? Quais as consequências disso para nós?

10. Observe as figuras das páginas 18 e 25, à direita (instrumentos de pedra e instrumentos de osso), comparando as diferenças entre os equipamentos desses dois povos. Assinale os instrumentos ligados à alimentação.

11. Normalmente, um povo que vive de caça e de coleta está sempre em movimento (é nômade), procurando novas fontes de alimentação. Era esse o caso do povo dos sambaquis? Justifique.

12. Na figura da página 24, à esquerda, vemos uma sepultura, com o corpo do defunto cercado de vários objetos. Descreva esses objetos e procure explicar por que foram colocados ali.

13. Quais as principais características dos tupis-guaranis?

14. Na ilha de Marajó parece ter se desenvolvido a mais complexa das civilizações indígenas do Brasil, que muitos arqueólogos comparam às civilizações dos Andes e do México. Em que elementos se baseiam os arqueólogos para chegar a tal conclusão?

15. Uma das principais atividades do arqueólogo diz respeito à descrição dos objetos que estuda. Vamos fazer um pequeno exercício de descrição. Observe atentamente o vaso da figura da página 29, acima, à direita (marajoara). Descreva-o, acompanhando a forma de cada parte (gargalo, bojo, decoração).

16. Há uma estreita relação, na pré-história brasileira, entre meio ambiente e culturas. Reflita sobre essa relação. Pense na importância das características ambientais para a sociedade moderna e redija um texto a respeito. Ilustre-o com um desenho feito por você. Proponha a seus colegas de classe um debate sobre o tema: o homem e a natureza.

17. Faça uma pesquisa em enciclopédias, atlas ou livros didáticos. Procure um mapa que mostre a área ocupada pelos índios no Brasil de hoje e compare essa área com aquela que seus antepassados possuíam. O que você nota?

18. Um povo, ou um grupo de povos que falavam uma língua semelhante, realizou um deslocamento ao longo de quase mil anos, espalhando-se ao redor do Brasil. Como se chama esse povo? Procure o nome de algumas tribos dessa língua ainda existentes.

19. Quando os portugueses chegaram ao litoral brasileiro, encontraram os povos dos sambaquis? Por quê?

20. Vivemos num mundo em permanente transformação e nossa relação com os objetos muda rapidamente. Pergunte aos seus pais ou pesquise em revistas antigas como eram os objetos nos anos 1960, 1970 e 1980. Compare, por exemplo, o equipamento de cozinha ou o dos quartos de dormir.

21. Observe as pinturas rupestres das figuras da página 19. Elas são exemplos de arte pré-histórica. Quais os temas preferidos por esses artistas da Pré-História do Brasil?

22. Associe as colunas abaixo:

1)	anzóis, conchas e moluscos	( ) povos agricultores
2)	pontas de flecha	( ) Humaitá
3)	bumerangue	( ) Itararé
4)	cerâmica	( ) sambaquis

23. Assinale a alternativa verdadeira:

a) Os índios do Brasil não têm história; foram sempre rústicos e primitivos.

b) Não é possível estudar História a partir dos objetos feitos pelo homem.

c) Os índios atuais são retrato fiel de seus antepassados pré-históricos.

d) O Brasil foi habitado por muitos povos e culturas diferentes, antes da chegada dos europeus.

e) Os povos pré-históricos do Brasil eram incultos e atrasados e não desenvolveram nenhuma cultura original.

24. Procure se informar sobre a situação do índio brasileiro hoje. Veja agora o que um descendente dos tupis-guaranis, o chefe Waiwai, pensa a respeito:

"Eu vou falar agora, sou um chefe Wayampi (tribo tupi-guarani). É um chefe Wayampi quem vai falar, eu vou falar agora.

Esta é a terra de nossos ancestrais.

Meus ancestrais ocuparam esta floresta há muito tempo. Meus ancestrais vieram, fugindo, de Belém.

Nós ficamos por aqui, no lugar que transformamos em nossa floresta. Nós ocupamos toda a área. São muitos parentes, eles se deslocam na área, procurando caça, depois voltam para a aldeia...

Os garimpeiros exterminaram a caça por aqui. Por isso não é bom. Por isso não quero que os garimpeiros trabalhem em minha terra. Nem que a Companhia derrube todas as árvores. Não é bom desmatar tudo. Os Wayampi não querem isso. Se eles vêm em nossa terra, ah! nós estaremos bravos. Ah! os garimpeiros trabalham em nossa terra. É muito ruim, muito ruim!"

(Apud Azanha, G. & Valadão, V. M. *Senhores destas terras*, São Paulo: Atual, 1991, p. 63.)

Grife nesse documento as partes que você considera importantes. Discuta com mais dois colegas as suas ideias a respeito da situação do índio brasileiro. Agora faça uma pequena redação, no seu caderno.